Venir au monde

Lise Bartoli

Venir au monde

Les rites de l'enfantement sur les cinq continents

Petite Bibliothèque Payot

Retrouvez l'ensemble des parutions
des Éditions Payot & Rivages sur

www.payot-rivages.fr

La précédente version de ce livre
a paru aux éditions Plon sous le même titre.
La présente édition a été entièrement revue
et enrichie par l'auteur.

Aux êtres chers qui m'ont donné la joie d'être mère,
Adrien, Mélina et leur papa Philippe.

INTRODUCTION

En 1994, j'ai mené une enquête dans cent cinquante maternités de la région parisienne pour réaliser *Le Guide des maternités*. Lors de cette étude, j'ai pu constater les différences fondamentales qui sont attachées à la grossesse et à la maternité selon le pays d'origine de la mère. J'ai pu également remarquer que les équipes médicales tenaient trop rarement compte de la dimension culturelle qui intervient dans la naissance. Fort heureusement, j'ai tout de même rencontré des sages-femmes attentives à des demandes spécifiques et traditionnelles qui peuvent paraître très inhabituelles. Il est certes difficile de bouleverser des pratiques bien ancrées, et les sages-femmes qui s'adaptent se disent toutes enrichies par l'apport de ces coutumes venues d'ailleurs. Ces rencontres, trop rares, ont toutefois éveillé ma curiosité, et j'ai été très surprise de découvrir que les rites de naissance pratiqués actuellement dans le monde n'avaient été répertoriés dans aucun ouvrage, alors que les livres écrits sur les rites funéraires se comptent par dizaines. Pourtant, les rites de naissance en disent long sur la place de la femme dans chaque culture, et ceux de l'accueil proprement dit du nouveau-né nous révèlent assez précisément les mœurs en vigueur dans une société.

Le thème de la naissance a bien sûr été traité par divers ethnologues, et leurs recherches m'ont été fort utiles pour restituer un panorama fidèle, sur les cinq continents, des conduites ritualisées, de la conception à l'accueil du nouveau-né. Les témoignages des femmes de divers pays que j'ai rencontrées dans les maternités, PMI et crèches prouvent que la force des traditions perdure au-delà du pays d'origine. La grande diversité des rites n'est, bien sûr, pas exhaustive et pourrait être affinée tant les coutumes varient d'une population à une autre, voire d'un village à un autre. Mais ces rites continuent à être pratiqués depuis des générations dans les milieux traditionnels. Bien souvent les femmes ne se souviennent plus de l'origine de ces rites, mais elles continuent à les perpétuer, respectant la tradition ancestrale. En effet, ces références culturelles symbolisent déjà l'appartenance de l'enfant à son milieu social.

La tradition étant bien plus forte dans les milieux ruraux, nous nous efforcerons donc, tout au long de cette étude, de nous éloigner des grandes cités où l'influence des méthodes occidentales semble gagner de plus en plus de terrain.

Outre les pratiques communes à toute une région, j'ai choisi les coutumes propres à une centaine d'ethnies dont la liste est établie ci-après.

J'espère que ce regard, porté au-delà de notre horizon occidental habituel, permettra de mieux faire connaître et accepter les différences attachées à chaque culture et aussi à faire sentir le poids des traditions liées à l'un des moments les plus importants de la vie d'un être humain.

LISTE DES ETHNIES
ET DES POPULATIONS ÉTUDIÉES

Afrique

AFRIQUE DU NORD

Algérie
Égypte
Maroc
Tunisie

AFRIQUE NOIRE

Le système ethnique de l'Afrique noire est très complexe : une même ethnie peut être divisée en sous-ethnies et se retrouver dans plusieurs pays.

Les Bantous sont des peuples qui parlent des langues de la même famille et qui ont des traits culturels communs. Ils sont surtout situés en Afrique centrale et australe.

- Nandjis
- Omboudous
- Sanas
- Soutos

Afrique du Sud :
- Cafres
- Zoulous : 23,8 % de la population

Angola :
- Kassemblés
- Tshokwés (ou Tchokwés) : au nord-est, 4,2 % de la population

Bénin :
- Baribas
- Weménous : au sud du pays

Burkina Faso :
- Lobis
- Mossis : 48 % de la population
- Winyes : dans la partie centre-ouest du pays

Cameroun :
- Bakas : pygmées vivant au sud-est du pays
- Bamilékés : 19 % de la population
- Boums (ou Mboums) : 1,3 % de la population
- Dakkas, Kirdis, Kirris, Kissis, Lakkas et Maffas : au nord du pays
- Evuzoks
- Sawas

Centrafrique :
- Manjas (ou Mandjas)

Comores

Congo :
- Bakongos
- Balalis
- Sangas : peuple bantou représentant 3 % de la population

Côte-d'Ivoire :
- Agnis : 10 % de la population
- Bakoués : dans l'ouest du pays

- Baoulés : dans le centre du pays
- Lobis : 5,4 % de la population

Gabon :
- Nzebis

Ghana :
- Akans : dans le sud du pays, 52 % de la population
- Ashantis : dans le centre du pays
- Éwés (ou Évhés) : 12 % de la population

Guinée-Bissau :
- Peuls : 23 % de la population

Guinée-Conakry :
- Soussous : en Guinée côtière
- Peuls : 38 % de la population

Îles du Cap-Vert

Kenya :
- Gusiis

Madagascar :
- Tanalas
- Zafimanirys : cultivateurs de l'est du pays

Mali :
- Bambaras : 32 % de la population, au sud du pays
- Dogons : 4 % de la population
- Malinkés : 6 % de la population
- Minyankas : au sud-est du pays
- Peuls : 14 % de la population
- Touaregs : nomades vivant dans le Sahel, 7 % de la population
- Soninkés

Mozambique :
- Tongas (ou Thongas) : peuple bantou composant 23 % de la population

Niger :

- Toubous : nomades musulmans
- Touaregs : nomades (3 % de la population)

Nigeria :

- Igbos (ou Ibos) : au sud du pays, représentant 18 % de la population
- Kanuris ou Kanouris : 8,7 % de la population
- Malabus
- Tudus : au nord du pays

Ouganda :

- Bagandas

Sénégal :

- Bambaras
- Bassaris et Boïns : à l'est du pays
- Peuls : 17 % de la population, à l'est du pays
- Diolas (ou Joolas) : en Basse-Casamance, 8 % de la population
- Wolofs (ou Ouolofs) : 3 % de la population.
- Soninkés

Soudan :

- Zandés : 3 % de la population

Tchad :

- Toubous : nomades musulmans vivant au nord du pays

Togo :

- Adjas : ethnie éwé
- Éwés (ou Évhés) : représentent 45 % de la population
- Akans : au sud du pays
- Kabiyés : paysans montagnards
- Kotokolis
- Watchis (ou Ouatchis) : ethnie éwé

Zaïre :

- Bakongos

- Balubas : peuple bantou
- Lubas (ou Loubas) : peuple bantou, 18 % de la population
- Zandés : 6 % de la population

Amériques

De toutes les ethnies étudiées dans cet ouvrage, les Indiens d'Amérique sont certainement les plus en danger. Alors que des hommes et leurs coutumes ancestrales s'éteignent aux États-Unis, c'est le même sort qui frappe ceux du Brésil. Chaque année, une communauté disparaît, anéantie par l'infernale déforestation amazonienne. Gardons l'espoir, pour que, dans un avenir proche, le strict respect de leur territoire puisse préserver ces peuples et toutes leurs richesses culturelles.

AMÉRIQUE DU NORD

États-Unis :
- Les Indiens lakotas : dans les États Nord et Sud-Dakota

Canada :
- Inuits : sur les territoires du nord-ouest du pays

AMÉRIQUE LATINE

Antilles :
- Guadeloupéens

Brésil :
- Bororos : au sud du Mato Grosso
- Kayapos-Mekragnotis : Indiens du Brésil central
- Pakidais : dans le nord-ouest du pays
- Suraras : dans le nord-ouest du pays
- Tucanos : dans la forêt amazonienne

- Txikaos : Indiens du Parc national de Xingu (Mato Grosso)
- Yanomamôs : Indiens de la forêt amazonienne
- Yawalapitis : Indiens du Haut-Xingu (Mato Grosso)

Équateur :
- Cayapas

Guatemala :
- Mayas : Amérindiens, au nord-ouest du pays
- Cuchutans

Guyane française :
- Wayanas : Indiens

Haïti

Mexique :
- Seris : Indiens situés dans le golfe de Mexico

Pérou :
- Communauté de Chia : située sur le versant oriental de la cordillère des Andes, département de Puno
- Jivaros : dans la forêt amazonienne, au point de rencontre de la cordillère des Andes et de l'Amazone

Asie

Afghanistan

Bangladesh

Cambodge :
- Khmers : représentent 88 % de la population cambodgienne

Chine

Corée

Inde :

- Tamouls : population de religion hindouiste, parlant une langue dravidienne et située dans l'Inde méridionale

Indonésie :

- Société villageoise de Hursu, sur l'île de Selaru située dans l'archipel de Tanimbar (Indonésie Est)
- Tenggers : dans l'est de l'île de Java

Japon

Kurdistan :

- Kurdes : établis en Turquie, Syrie, Irak et Iran
- Moukris
- Yézidis

Laos

Malaisie

Mongolie

Népal :

- Paharis ou Pahis : dans le centre du Népal, dans les collines au sud de la vallée de Katmandou
- Tharus : 3,6 % de la population, établis dans la plaine népalaise

Sri Lanka :

- Tamouls : 18 % de la population

Taïwan :

- Puyumas : au sud-est de l'île, dans la plaine de Taïtung
- Yamis : sur l'île taïwanaise de Botel-Tobago

Thaïlande :

- Miens : au nord du pays, dans la province de Chiangmai

Turquie :
- Tahtacïs et Yörücks : nomades en Turquie méridionale

Vietnam :
- Jörais
- Yaos : dans le nord du pays
- Muongs

Océanie

Australie

Îles Australes (archipel de la Polynésie française, au sud de Tahiti et à l'est de la Papouasie-Nouvelle-Guinée dont il dépend).

Îles de Dobu :
- Dobuans

Îles de la Société (archipel de la Polynésie française) :
- Tahitiens en milieu rural

Îles Tonga (archipel de Polynésie, anciennement îles des Amis) :
- Tongas

Îles Trobriand (Mélanésie occidentale)

Îles Tuvalu (archipel de Micronésie, au nord des Fidji) :
- Nanumagas

Nouvelle-Zélande :
- Maoris : 9,2 % de la population

Papouasie-Nouvelle-Guinée :
- Baruyas : ethnie des hautes montagnes de l'intérieur du pays
- Tins Damas : dans le nord-est du pays
- Wahgis : population de la vallée de la région de la Wahgi

PREMIÈRE PARTIE

La conception

Selon les sociétés étudiées, le sang et le sperme sont des fluides qui jouent un rôle plus ou moins important lors de la conception d'un enfant. Des forces invisibles peuvent également intervenir dans la fécondation : Dieu, les esprits, les défunts ou les ancêtres.

La femme ne sera acceptée par sa communauté que si elle donne naissance à une nombreuse progéniture. Des rites de fécondité sont mis en place très tôt afin qu'elle devienne fertile. Si elle n'y parvient pas, son sort est peu enviable : rejetée socialement, menacée de répudiation ou obligée de cohabiter avec une nouvelle épouse que le mari espère plus fertile. Car seule la femme est tenue responsable en cas de stérilité, victime de maladies ou d'entreprises surnaturelles. C'est donc elle qui devra tout mettre en œuvre pour lutter contre ce mal à l'aide de remèdes miracles tels que les offrandes aux divinités ou les recettes magiques, allant même jusqu'à subir des pratiques humiliantes.

Lorsqu'elle parvient à être enceinte, une autre épreuve l'attend : elle doit donner naissance à un fils. Afin de connaître le sexe du futur bébé, on aura recours à plusieurs méthodes de prédiction. On tentera également d'influer sur le sexe de l'enfant à venir par diverses pratiques occultes.

CHAPITRE PREMIER

Les théories traditionnelles

Même si, dans chaque société étudiée, hommes et femmes reconnaissent la participation biologique des deux géniteurs au moment de la conception d'un enfant, les théories traditionnelles restent bien ancrées dans la pensée collective de nombreuses ethnies. La conception, c'est toujours une affaire de sperme et de sang, mais chaque élément prendra une place plus ou moins prépondérante selon le peuple observé.

La semence fécondatrice

Dans les ethnies étudiées ci-après, la semence de l'homme joue le rôle principal en matière de fécondation.

Ainsi, les insulaires de Dobu, dans le Pacifique, pensent-ils que le sperme émis au moment de l'orgasme va produire la coagulation du sang féminin et former un fœtus. Ce sperme est, disent-ils, du lait de noix de coco qui passe à travers le corps de l'homme. Si aucun bébé ne se forme, le sang, non coagulé, ressortira dans le flux menstruel. La puissance de la semence masculine est parfois tellement forte qu'elle engendrera un être, qu'il y ait ou non participation de la femme. C'est ce qu'il se passe chez les

Wéménous du Bénin. La responsabilité en revient à l'homme. L'enfant est son « produit », la femme n'est que le réceptacle. Soit le sperme apporte des transformations physiques chez la femme et elle donnera naissance à un être vivant. Soit elle n'est pas fécondée, et elle donnera quand même naissance à un être, surnaturel celui-ci, nommé *houngbandan*. Cet être invisible, imaginé avec une longue chevelure et plus petit qu'un nouveau-né, viendra manifester son mécontentement au moment de la naissance d'un monstre, d'un nain, d'un enfant malformé ou lors d'un avortement provoqué. La participation des femmes est également restreinte chez les Seris au Mexique. La semence de l'homme est stockée dans une petite poche située sur la paroi interne de l'utérus. Cette bourse se remplit lors de chaque rapport complet. Lorsqu'elle est pleine, la conception peut avoir lieu. L'esprit de l'enfant nommé « petite chose ailée » descend en volant et entre dans le corps maternel. Chez les Dogons du Mali aussi, il semble que la fécondation réclame une grande quantité de sperme, apportée lors de rapports sexuels fréquents. Ce sperme qui, comme le sang, circulerait d'ordinaire dans tout le corps masculin, doit être volontairement détourné lors du coït. Les Cayapas en Équateur pensent aussi que des relations sexuelles répétées sont nécessaires pour la conception d'un enfant.

La « liqueur » de l'homme n'est pas seulement nécessaire pour donner la vie. Elle va être, pour certains, une aide précieuse et irremplaçable pour former le fœtus, aider à son bon développement. C'est ce que pensent les Baruyas en Nouvelle-Guinée dont le sperme est jugé nourriture nécessaire au fœtus pour qu'il grandisse *in utero*. Afin de recevoir la quantité séminale maximale, les Indiennes txikaos du Brésil multiplient même leurs relations sexuelles avec d'autres partenaires. Le mari n'est donc plus le seul géniteur, mais est associé à d'autres afin de parfaire la croissance du tout-petit. C'est aussi l'homme qui donne la vie grâce à son « eau-de-vie » chez les Zafimanirys de Madagascar. Cette eau viendrait du cerveau du père, passerait par la moelle épinière et se transformerait en sperme pour se « solidifier » en fœtus. En Malaisie, avant que la mère soit fécondée, c'est le père qui entreprend la grossesse. L'enfant commence en effet sa vie dans les hautes sphères paternelles en séjournant pendant quarante jours dans le cerveau de son père. Après ce laps de temps, nécessaire pour recevoir le don de raisonner, il descendra dans le ventre de sa mère afin de s'y développer. Cette idée originale de la gestation implique très fortement les pères, qui sont liés psychologiquement à leur enfant pendant toute la grossesse. Aussi doivent-ils faire très attention à leurs faits et gestes ainsi qu'à leurs pensées pendant les neuf mois de gestation, tout autant que la mère qui porte l'enfant. Tout acte néfaste aurait des conséquences terribles, pouvant conduire à une difformité, voire à la mort.

Le sang maternel fécondateur

À l'inverse des théories qui désignent l'homme comme l'élément principal entrant en jeu dans la fécondation, abordons maintenant la part prépondérante faite au sang maternel dans d'autres ethnies.

À Taïwan, c'est le sang menstruel que la femme continuerait de produire pendant sa grossesse, mais sans l'éliminer, qui formerait l'enfant *in utero*. Le sang maternel est primordial et le rôle du père se réduit à déposer la semence. Les Touaregs du Hoggar pensent aussi que l'enfant se nourrit, dans le ventre maternel, du flux menstruel et qu'il en rejette les déchets à sa naissance sous la forme du placenta. Dans la culture populaire haïtienne, le fœtus est une petite boule de sang. L'enfant reste debout dans l'utérus pendant toute la grossesse. Sa tête est ainsi placée du côté du cœur maternel et alimenté par le sang grâce à une veine reliée directement au crâne du fœtus. Cette ouverture crânienne se refermera au dernier moment, lorsque le bébé basculera pour venir au monde : ce sera la fontanelle. Un organe selon la pensée traditionnelle de ce pays prend aussi place dans la matrice : la « mère du ventre ». Cet organe original tient compagnie au bébé jusqu'à sa naissance. Au moment de l'expulsion, celui-ci se sent triste et affolé et recherche partout dans le corps son compagnon de maternité au point de se heurter à tous les organes. Les coups qu'il donne sont ressentis par la mère, qui souffre alors de douleurs internes. Seule la sage-femme saura montrer à cet organe sa place habituelle, c'est-à-dire derrière le nombril.

Le sang est tellement lié à la grossesse que les Baoulés de la Côte-d'Ivoire disent d'une femme enceinte qu'elle a « l'odeur du sang ». Pour cette ethnie, les femmes qui ont des règles peu abondantes ne peuvent pas être fécondes. Un flux généreux est donc de mise dans cette région pour pouvoir créer un enfant. Il en est de même au moment de l'accouchement : si le sang ne s'évacue pas comme il se doit, on dit que la jeune mère peut devenir mentalement malade, car on pense que son sang est monté au cerveau.

Les périodes de fécondation

Les jours où une femme est supposée être fécondable divergent d'une société à l'autre, et, parfois, ces périodes jugées favorables à la fécondation vont à l'encontre des connaissances physiologiques.

À Chia, dans les Andes péruviennes, on pense, par exemple, que la fécondation peut avoir lieu pendant les règles. Aussi convient-il de repousser le mari qui veut avoir des rapports sexuels ces jours-là si on ne veut pas d'enfant. En outre, la semence de l'homme n'a aucun effet les nuits de pleine lune et de nouvelle lune. Dans les îles Australes, la période menstruelle est aussi le moment idéal pour concevoir un enfant. Chez les Maoris de Nouvelle-Zélande, cette durée se situerait entre le deuxième jour des règles jusqu'au troisième jour de leur interruption. On pense alors que le sperme vient bloquer l'écoulement sanguin de la femme pour former le bébé. Au Yucatán, au Mexique, la conception est censée arriver juste après la fin des règles. Cette certitude découle logiquement des croyances de cette région. Il est admis que l'utérus s'ouvre pour laisser sortir le flux de sang accumulé les semaines précédentes. Après les règles, si l'utérus est encore ouvert, plus grande est la chance de devenir enceinte à ce moment-là. Les Dogons au Mali pensent également que la période de fertilité couvre les cinq jours qui suivent la menstruation. Le premier homme ayant eu des relations sexuelles avec la jeune femme juste après les règles sera donc considéré comme le père du futur enfant. À noter qu'à Langkawi, en Malaisie, les périodes de fécondation ne dépendent pas du flux menstruel mais du père. Une petite graine, sortie de la colonne vertébrale de celui-ci, passe quarante jours à l'intérieur de son corps. La graine tombe le premier, le quinzième ou le trentième jour du mois. Alors, elle descend dans la mère pour se mélanger au flux menstruel.

Mais sang et sperme ne suffisent pas toujours. En Océanie et en Afrique, la notion d'orgasme est nécessaire à la conception. Les Kanuris du Nigeria pensent que la fécondation résulte de la simultanéité de l'orgasme pendant l'acte sexuel. Les Tahitiens, en milieu rural, croient que la femme, au moment de l'orgasme, produit un fluide nécessaire à la conception d'un enfant. Il doit y avoir un équilibre certain entre le fluide de la femme, son sang et celui de l'homme pour que la fécondation soit vraiment réalisée.

Les forces invisibles

En matière de reproduction, les éléments biologiques ne sont pas toujours les seuls facteurs dominants. Des forces invisibles peuvent intervenir : Dieu, les esprits, les défunts ou les ancêtres. Leur rôle, variable selon la culture, peut parfois remplacer celui du père. La force invisible devient alors le véritable créateur de l'enfant.

LES ESPRITS

En pays kabiyé, au Togo, le rapport sexuel n'est pas suffisant pour engendrer un enfant. Des esprits de fécondité doivent intervenir : ce sont les *waynimas*. Si certains habitent dans les arbres, la plupart se trouvent dans les mares sacrées, car ce sont des esprits de l'eau. En Afrique, l'eau est un élément important pour la conception souvent intégré aux rites de fécondation. Pour les Africains, l'homme vient de l'eau, et l'enfant dans le sein de sa mère est souvent comparé à un poisson qui nage. L'eau est donc le principe indispensable de ce nouvel être et, tout naturellement, les esprits fécondants viennent de l'eau. Selon les clans togolais, des esprits différents animent des mares distinctes en allant toujours par deux : le masculin et le féminin. Ils vont, chaque fois, tous les deux constituer le *wayitu*, sorte de force vitale de l'homme, qui devra être entretenue tout au long de la vie terrestre par chaque être humain.

La force spirituelle est si forte que certaines ethnies en arrivent à réfuter le mécanisme physiologique universellement reconnu. Ainsi, dans la pensée traditionnelle trobriandaise (en Océanie), un enfant-esprit pénètre-t-il le corps de la femme sans nécessité de rapport sexuel. La femme pourrait donc être fécondée sans l'aide de l'homme. À l'heure actuelle, ces insulaires connaissent le rôle biologique de chacun des parents mais se servent encore de cette notion d'esprit-fécondateur pour protéger la femme adultère et son enfant illégitime. Cela permet aussi au mari de mieux supporter la honte d'avoir été trompé. Un stratagème qui rejoint le concept de l'enfant endormi que l'on trouve dans d'autres parties du monde (voir chapitre III « La stérilité »). Les Aborigènes d'Australie croient aussi qu'un esprit-enfant investit le ventre maternel, non sans reconnaître la nécessité d'un rapport sexuel lors de la procréation. Ces esprits vivent sur terre à des endroits bien précis et choisissent la femme à féconder lorsqu'elle passe près de chez eux. Au centre et au nord du pays, on identifie parfaitement l'esprit en interprétant les rêves de la femme enceinte ou de son mari. Cet esprit est un ancien héros mythique qui sera représenté en songe, le plus souvent par un fruit. Au Vietnam aussi on pense que les forces invisibles peuvent pénétrer la mère. Ce sont des génies qui viennent s'incarner dans les enfants. En outre, des dames génies, au nombre de douze, s'attellent à façonner l'enfant dans le ventre de sa mère pendant la grossesse. En Nouvelle-Guinée, les origines sont aussi liées à des esprits. Au commencement était l'homme qui faisait l'amour dans les trous d'arbre, et la femme à qui l'on devait ouvrir le ventre pour sortir l'enfant car elle ne possédait aucune ouverture. Il n'y avait aucune relation sexuelle entre hommes et femmes, mais ces enfants étaient fécondés par les esprits de la forêt. Puis vint l'esprit féminin des eaux qui créa le sexe féminin en tranchant la femme avec un couteau de bambou. Depuis lors, hommes et femmes font l'amour, engendrent leurs enfants et, si une femme venait pourtant à être fécondée par un esprit, elle en mourrait. Ce mythe est encore bien vivant dans les mœurs des Tins Damas de Papouasie-Nouvelle-Guinée. On pense que si une jeune fille meurt avant son mariage sans avoir transgressé l'une des nombreuses règles alimentaires auxquelles elle est soumise, c'est qu'elle a été fécondée par un esprit. Après sa mort, elle va devenir à son tour un esprit. En conséquence, son cadavre est jeté en forêt sans cérémonie. Dans la croyance inuit, l'intervention d'un esprit était demandée par le chaman uniquement en cas de problème de fécondation. Il sollicitait l'aide de l'homme-lune, l'esprit fécondateur des femmes stériles, afin qu'il implante un bébé dans le ventre de la femme.

LES DÉFUNTS ET LES ANCÊTRES

Les ancêtres et les défunts peuvent participer à la procréation. Cette croyance est particulièrement répandue en Afrique, mais avec des variantes. Les ancêtres des Bagandas de l'Ouganda, par exemple, séjournent dans les bananiers. Les femmes de ce peuple bantou peuvent donc être fécondées par un ancêtre, *via* la fleur de ces bananiers qui viendrait à tomber sur leurs épaules au moment où elles jardinent. En règle générale, en Afrique, ce n'est pas l'ancêtre lui-même, en tant qu'entité, qui revient, mais bien sa force vitale. Afin de pouvoir se réincarner, le défunt doit avoir assuré la descendance de son lignage lors de son passage sur terre et ne pas s'être suicidé. Une ressemblance physique pourra être perçue entre le nouveau-né et le défunt, mais ce n'est pas obligatoire. Chez les Diolas, au Sénégal, certains pensent que c'est un élément de l'âme de l'ancêtre qui descend car, au moment de la mort, l'âme se divise en deux parties. Une parcelle part définitivement s'installer dans une sorte de paradis appelé « abreuvoir » et situé en Guinée-Bissau. C'est l'autre fragment qui attend de renaître dans notre monde des vivants. On imagine aussi que les ancêtres meurent dans l'au-delà et peuvent ainsi se réincarner. Avant de s'introduire dans une femme, ils vivent dans un monde fait d'eau et d'obscurité qui se situe entre le nôtre et celui des ancêtres. Ils planent alors au-dessus du village, attirés par la gaieté des femmes et des enfants avant de pénétrer celle qui deviendra la future mère. Ils peuvent provenir de l'âme d'un défunt du côté du père ou du côté de la mère et peuvent se réincarner dans un enfant du sexe opposé. Chez les Dogons du Mali, la force vitale du défunt est distribuée par fragments à ses descendants jusqu'à la cinquième génération. Elle circule dans le sang et dans les organes. C'est encore elle qui facilite la procréation. Le défunt qui a avivé huit descendants atteint alors le rang d'ancêtre. Les défunts jouent un autre rôle lors de la maternité. À la fin de la grossesse, c'est en effet un mort de la famille qui viendra toucher le ventre de la femme enceinte durant son sommeil afin de mettre l'enfant en position normale d'accouchement, la tête en bas. La notion de force vitale revient chez les Mossis du Burkina Faso. Cette force sortirait par les narines du défunt au moment du décès et resterait en brousse pendant un temps donné avant de se réincarner. Le monde des ancêtres est selon cette ethnie un monde sec, et certains affirment que, s'ils reviennent sur terre, c'est pour boire de l'eau. Au Togo, en pays kabiyé, le souffle de vie qui va animer l'enfant vient de l'univers aquatique. C'est d'ailleurs dans les mares sacrées que vivent les esprits de l'eau qui vont aider à la fécondation et qui habitent dans la mare du clan paternel. Ainsi, l'enfant appartient à la lignée parentale paternelle. Au Bénin, chez les Wéménous, l'enfant appartient aussi au lignage paternel. La transmission se fait au moment même de la conception, puisque l'ancêtre circule à travers le sperme du géniteur. C'est lui qui donne la vie au petit être à venir. Il arrive que la réincarnation soit antérieure à la mort de l'ancêtre, comme l'explique Siaka, une Wéménou. « Quand une personne a fait beaucoup de bien sur terre, le bon Dieu la remplace déjà avant qu'elle meure. Par exemple, j'ai une petite fille de six ans qui est née alors que ma mère était encore vivante. Quelque temps après, lorsque ma mère est morte, on s'est aperçu qu'elle était réincarnée dans ma petite fille. Elles ont les mêmes gestes, les mêmes attitudes, la même façon de rêver. Tout le monde l'a remarqué, on lui dit toujours : "Tu ressembles à ta grand-mère." Vous voyez, il est possible que l'on soit la réincarnation d'une personne vivante, mais on ne s'en aperçoit que lorsque la personne meurt. »

Si la participation des ancêtres est généralement admise dans toute l'Afrique, elle n'est pas exclusive à cette partie du monde. On retrouve cette notion sur d'autres continents. La croyance traditionnelle trobriandaise, en Océanie, veut que la responsabilité de la conception revienne aux esprits des morts et non aux géniteurs. Celle des Inuits, en Québec arctique, est aussi empreinte de réincarnation. L'âme du défunt est celle d'un parent ou du dernier voisin décédé. Elle décide de revenir vivre une seconde vie, parfois sous un sexe différent de celui qu'elle avait dans sa vie antérieure. On pense donc que l'enfant choisit son sexe, mais l'on croit aussi que la sage-femme peut influer sur la décision du fœtus à l'aide de gestes précis exécutés le jour de l'accouchement. En Asie du Sud-Est, les ancêtres et les défunts peuvent venir féconder une femme. Les Yamis de Taïwan, par exemple, pensent qu'une naissance gémellaire est le produit d'une double procréation. Un enfant aurait été fécondé par le géniteur et l'autre par un défunt. Les Tharus du Népal, de leur côté, pensent que les ancêtres circulent dans le monde des vivants sur trois générations. Leur transition se fait par le sperme pour les ancêtres paternels et par le sang menstruel pour les ancêtres maternels. L'enfant sera le fruit de ces deux héritages, dont l'un sera supérieur à l'autre. Ainsi, si le côté maternel prend le dessus, le nouveau-né sera de sexe féminin. Si le côté paternel prime, l'enfant sera de sexe masculin.

L'AIDE DIVINE

Le pouvoir de Dieu au moment de la conception est reconnu par toute la population musulmane. La fécondation aura lieu selon sa volonté. Au moment du coït, l'homme en appelle à Dieu pour que son enfant soit béni et qu'il puisse bénéficier de toute sa protection contre le diable. Cette aide continue pendant toute la grossesse. Selon un hadith, chaque période de l'évolution dans le sein de la mère dure quarante jours. À la fin de la première période, la semence (*nutfa*) devient un caillot de sang (*alaqa*). Ce n'est qu'au cours du troisième mois que l'enfant deviendra un morceau de chair (*mudgha*). La force de la vie pénétrera en lui grâce à Dieu à la fin du quatrième mois et, à ce moment, le fœtus bougera. En milieu traditionnel polynésien, on attache encore beaucoup d'importance à l'ancienne croyance selon laquelle les hommes auraient reçu des dieux le pouvoir de donner l'étincelle de la vie lors de la fécondation. Chez les Jörais d'Indochine, l'hérédité se transmet uniquement par les femmes grâce aux divinités yang de la future mère. Le mari doit arriver à oublier ses propres divinités afin d'invoquer celles de sa femme. À Madagascar, les Tanalas reconnaissent à leur Dieu créateur le pouvoir d'animer le fœtus. Ce petit être sera, dans un premier temps, désigné comme une « chose ». On le nommera ensuite « petit animal ». C'est le pouvoir divin qui va le différencier des animaux en lui donnant des membres inférieurs et supérieurs. Ce Dieu créateur de l'homme et de l'univers est d'ailleurs surnommé par les Tanalas le « Dieu créateur des pieds et des mains ». Selon la culture populaire haïtienne, Dieu va, de sa propre main, confectionner tout le corps de l'enfant en cousant chaque partie du corps du bébé pendant le sommeil de la future mère. Chez les Bakongos au Zaïre, c'est le dieu suprême, Nzambi, qui façonne tout le corps de l'enfant *in utero*. Dans la société villageoise de Hursu, en Indonésie, c'est grâce au dieu Lune-Soleil que le fœtus va pouvoir descendre dans l'utérus. Chez les Baruyas de Nouvelle-Guinée, l'homme ne forme que le corps de l'enfant. Les yeux, le nez, la bouche, les doigts et les orteils du fœtus seront fabriqués par le Soleil, père de tous les humains dans cette société. Cette croyance est issue d'un mythe baruya : au commencement l'homme n'avait pas son pénis percé et la femme n'avait pas d'ouverture. Le Soleil jeta alors une pierre de silex dans le feu pour qu'elle éclate et perce les humains. Depuis ce jour, hommes et femmes font l'amour et se reproduisent. Chez les Yamis, près de Taïwan, la divinité qui crée les enfants est formée par deux ancêtres féminins dont l'une ne fabrique que des filles et l'autre que des garçons. Chez les Minyankas du Mali, ce sont des puissances religieuses, évoluant entre Dieu et les ancêtres, qui vont insuffler à l'enfant *in utero* la force vitale. Ces puissances, appelées *yapèrès*, vont solliciter l'aide de Dieu afin de rappeler les âmes des ancêtres sur terre pour qu'elles puissent s'introduire dans le ventre maternel. Chaque nouveau-né de cette société sera sous la protection de l'une de ces puissances religieuses.

LA REPRÉSENTATION DE L'ÂME

Il est difficile de traduire les représentations de l'âme dans les sociétés traditionnelles tant l'être humain n'est pas uniquement l'alliance d'un élément matériel, le corps, et d'un simple élément spirituel. D'autres notions contribuent à son enrichissement.

Ainsi les Lakotas, Indiens d'Amérique du Nord, se croient-ils composés d'un souffle de vie, d'une âme, de facultés intellectuelles et d'une partie de Nagila, dieu du soi immatériel des choses irrationnelles. L'enfant dogon du Mali est considéré dès le deuxième mois de grossesse comme une personne complète, possédant un corps, une intelligence et une âme. Cette notion explique pourquoi le nouveau-né aura, le jour de l'accouchement, l'âge de huit mois. Pour cette ethnie, comme pour les Lobis du Burkina Faso, le siège du principe vital est le foie. Cette croyance est à l'origine des morceaux de foie grillé d'animaux sacrifiés présentés en offrandes lors des diverses cérémonies rituelles. Chez les Esquimaux, il n'y a pas qu'un seul siège de souffle vital car, selon la croyance traditionnelle, on dénombre plusieurs âmes dans chaque individu. Les âmes les plus importantes sont l'âme Vie et l'âme Nom qui sont très liées et basées toutes deux dans le cou. Une troisième âme, nommée l'âme Sommeil, séjourne sous le diaphragme. Enfin, d'autres petites âmes se retrouvent dans chaque articulation du corps. Pour les Jivaros d'Amazonie, la représentation de l'âme est également complexe. L'homme possède trois âmes. L'âme vraie, qui apparaît dès la naissance et qui circule dans le sang du nouveau-né — si l'on saigne, c'est donc un peu de son âme vraie que l'on perd. À la mort de chaque individu, cette âme quitte l'enveloppe corporelle pour retourner dans la maison où la personne a vécu. Il est imaginé qu'une maison des esprits se trouve dans ces lieux, invisible aux yeux des mortels et identique à la maison matérielle. L'âme y vivra le temps passé sur terre par son ancien détenteur, toujours en quête d'âmes d'animaux dont elle se nourrit, car l'âme vraie a toujours faim. Cette âme prendra plus tard sa forme définitive : celle d'un nuage ou de brouillard. Mais cette âme vraie, que chacun possède à la naissance, n'est pas la plus importante aux yeux des Jivaros. La deuxième âme est celle qui peut induire une vision, et elle est essentielle pour ce peuple dont le passé est très guerrier. C'est une âme qui s'acquiert à partir de l'âge de six ans à l'aide d'un rituel. L'âme-vision acquise, on la possède à vie, et il est indispensable de la détenir car elle empêche son possesseur de mourir de mort violente, d'ensorcellement ou d'empoisonnement. Malgré tout, si l'individu arrivait à mourir, il pourrait se venger à l'aide de la troisième âme, l'âme vengeresse, qui sort quant à elle de la bouche du défunt et a pour but de tuer l'assassin. Cette âme peut voyager aussi loin qu'elle le veut, mais peut être emprisonnée grâce à la réduction de tête, pratiquée par cette ethnie jusque dans le milieu des années 1980. Elle devra alors rester contenue dans le cadavre. En Afrique, les Bambaras et les Soninkès pensent que l'homme possède trois éléments majeurs : le corps, l'âme qui l'anime et le double de la personne. Ce double, qui contient les pouvoirs intellectuels et la volonté de l'être, est du sexe opposé à l'individu et se concrétise par l'ombre sur le sol ou par l'image reflétée sur l'eau. On explique l'envoûtement par la pratique nuisible sur le double de la personne. L'âme circule dans tout le corps et peut être perçue dans le souffle, les battement des artères ou encore, chez les nouveau-nés, par les battements de la fontanelle. Cette âme-ci peut quitter le corps au moment des rêves, mais, au moment du décès, l'âme bambara restera attachée à l'enveloppe corporelle et résidera sous forme de fantôme près du lieu d'inhumation. Chez les Wayanas, en Guyane, l'ombre reflétée sur le sol peut également être la manifestation du principe spirituel de l'homme. On peut aussi la retrouver dans la pupille de l'œil qui est le siège de cette âme, appelée *akwali*. Si l'*akwali* est déjà présente au moment de la conception, elle n'est pas complètement fixée au corps. Elle doit ainsi continuer de se développer pendant la grossesse et les premières années de vie de l'enfant. Cette âme est ensuite attachée à vie à l'individu. Si elle s'en va, la vie quitte le corps. À ce moment-là, l'âme monte au ciel en tentant d'éviter à tout prix de rencontrer le monstre Kënékë qui dévore les âmes des fœtus et des petits enfants. Dans certaines sociétés, l'âme apparaît dès la conception et peut même aider à former le fœtus. Ainsi, les Maoris de Nouvelle-Zélande pensent que l'apparition des yeux chez l'embryon est une première étape concrète exécutée par l'âme. Dès le troisième mois de grossesse, la future mère thaïlandaise sent une secousse dans son ventre : c'est l'âme qui va et vient dans le cœur de son tout-petit. À partir de ce moment, il ne faut surtout pas effrayer la future mère thaïlandaise : prise de terreur, l'âme s'envolerait, faisant mourir l'enfant dans la matrice. Chez les Bakongos, au Zaïre, l'âme apparaît dès la formation, puisque c'est le sang qui est son siège. Selon le Coran, c'est un ange qui souffle l'âme dans le corps de l'enfant à la fin du quatrième mois. D'autres ethnies croient que l'âme n'arrive qu'au moment de l'accouchement. En Ouganda, elle pénètre dans l'enfant par l'une de ses oreilles au moment de sa venue au monde. À Taïwan, bien que l'âme de l'enfant existe déjà au moment de la conception, ce n'est qu'au moment de l'accouchement qu'elle sera vraiment attachée au corps du bébé. Entre-temps, pendant toute la période de gestation, elle bouge en flottant dans la chambre de la future maman. Enfin, en Malaisie, elle s'installe dans le nouveau-né au moment même où la sage-femme coupe le cordon ombilical.

CHAPITRE II

La fécondité

Importance de la fécondité

Partout dans le monde, la fécondité est primordiale. La femme qui met au monde un enfant franchit l'étape nécessaire qui va lui donner le statut enviable de femme à part entière. La femme tamoule ne pourra accéder au statut de « femme accomplie » qu'après la naissance d'un enfant. Chez les Diolas du Sénégal, les femmes n'accepteront une autre femme que si elle a accouché d'un enfant vivant. Lors des réunions associatives, une place de choix est réservée à celles qui ont une nombreuse progéniture : l'audience et le prestige d'une femme dépendent plus du nombre d'enfants qu'elle a eus que de son âge. D'autre part, si l'arrivée d'un enfant au sein d'un couple est bien la preuve de la féminité de la femme, elle est aussi la preuve de la virilité de l'homme. « L'homme est alors fier de sa virilité, même s'il ne s'occupe pas de ses enfants par la suite », fait remarquer Patricia, une Guadeloupéenne. C'est bien souvent un nouveau statut pour le mari. Ainsi, en milieu populaire égyptien, la façon de le désigner change à cet instant précis. Il n'est plus appelé par son prénom, mais désigné par référence au nom de son enfant : père d'Untel. Le même processus s'opère chez les Yamis de Taïwan, pour les deux parents et grands-parents : à la naissance du premier enfant, ils deviennent ainsi « père ou mère de » et « grand-père ou grand-mère de ».

La procréation est le but du mariage dans bien des pays. Parfois même, l'union ne sera réellement scellée qu'à la naissance du premier enfant. Ainsi, chez les Tshokwés, en Angola, si un enfant tarde à venir après un an de mariage, celui-ci se verra contesté par les groupes de parenté de chacun des époux. Au Népal, chez les Tharus, la jeune épousée reste membre du groupe des jeunes filles jusqu'à la naissance de son premier enfant. C'est également la naissance du premier enfant qui stabilise le contrat de mariage chez les Tucanos en Amazonie : dès cet instant, l'homme ne peut plus changer de femme. Chez les Dogons, au Mali, ce n'est souvent qu'à l'arrivée du deuxième ou troisième enfant que la femme rejoint définitivement la maison de son mari. Même chose pour les Zafimanirys de Madagascar, à une différence notable, toutefois, la femme se fait solliciter pour revenir vivre dans la maison conjugale. En effet, après la première naissance qui se déroule dans sa maison natale, la femme se laisse à nouveau courtiser par son mari qui lui demande de revenir s'installer avec l'enfant au domicile conjugal. Le même scénario se répète au deuxième enfant. Ce n'est qu'à la troisième ou quatrième naissance, après plusieurs « remariages », que le processus s'interrompt. Alors, la femme va accoucher dans la maison conjugale, stigmatisant ainsi la forme définitive de l'union.

Pour nombre d'individus, plus particulièrement en Afrique, l'arrivée d'un nouvel être n'est donc pas seulement l'affaire d'un couple mais bien celle d'une famille, d'un clan. Procréer devient alors un devoir pour assurer la lignée. C'est cette descendance qui fera parvenir le géniteur au statut d'ancêtre dans l'au-delà, l'unique façon de préserver sa force vitale, sinon tout son être s'évanouira et tombera dans l'oubli après sa mort.

Les rites de fécondité

Les rites de fécondité sont précoces. Ils commencent parfois chez la jeune fille à peine pubère. Ainsi, chez les Tins Damas de Nouvelle-Guinée, la fertilité future sera jugée par les femmes âgées, considérées comme expertes, en examinant les urines de la petite fille à ses premières menstrues. Les jeunes filles dogons du Mali reçoivent en cadeau un poisson-chat destiné à les rendre fécondes. Le silure est un poisson mythique dans ce pays. Lorsqu'une femme dogon est enceinte, son fiancé lui donne deux silures : le premier, mangé par la future maman, symbolisera l'enfant qui grandit en elle. Elle offrira le second à une amie, afin que celle-ci devienne à son tour mère. Les jeunes Malgaches qui veulent avoir un enfant vont consommer un morceau de la viande préparée lors de la cérémonie rituelle du « choix des mets » qui est organisée en l'honneur d'une maman enceinte du village (voir chapitre X « Les envies des femmes enceintes »). La jeune femme prendra soin de formuler ses vœux et dira une prière avant de la déguster. Pour devenir mère, la femme tamoule pourra, quant à elle, manger des œufs à l'huile. Cet aliment, symbole dans ce pays de la naissance, augmenterait la fertilité. Des rites de fécondité sont toujours liés à la cérémonie du mariage, procréer étant le but ultime de l'union. Même l'anneau choisi a son importance. En Égypte, il est indispensable, pour préserver le pouvoir de fécondité, que l'alliance soit en or pur ou en argent, mais pas en or italien, mêlé de cuivre. De même, les bracelets, en forme de serpent, et ornés de pierreries, empêchent d'avoir des enfants car ils « bouclent » la femme. Sur l'île de Selaru, en Indonésie, les bijoux dont se pare la jeune mariée dès son arrivée dans la maison de son mari témoignent de sa fécondité potentielle. La jeune épouse minyanka (au Mali) va mettre toutes les chances de son côté dès son entrée dans la famille de son mari. Elle asperge d'eau tous les lieux de culte du quartier où demeure sa belle-famille. L'eau, symbole du pouvoir fécondant, sera ensuite bue par le nouveau couple à même une calebasse. En république de Guinée-Conakry, les femmes mariées soussous, désirant être mère, se rassemblent lors d'une cérémonie secrète qui se tient à l'aube, suite à un accouchement dans le village. C'est en effet autour de l'endroit où le placenta d'un nouveau-né a été enfoui que ces futures mères chantent et dansent. On a disposé dans un panier des petites boules de pâte de riz que les femmes présentes vont manger pour en tirer le pouvoir de fécondité. Elles vont toutes se précipiter à quatre pattes sur ces boulettes qui doivent être consommées sans l'aide des mains. Pendant la bousculade, les vieilles femmes du village leur administrent des fessées et leur tapent même sur le postérieur avec des bâtons. Loin de paraître éprouvées, les jeunes femmes doivent même manifester du plaisir à recevoir cette correction.

LA PARTICIPATION DE L'HOMME

Une fois mariés, les époux mettent tout en œuvre pour avoir l'enfant tant attendu. Comme nous l'avons déjà noté, ce sera la femme qui accomplira bien souvent les rites de fécondité. Mais, parfois, ce sont les hommes qui sont mis à contribution. C'est le cas des Tshokwés (en Angola) pour qui la bonne qualité du sperme de l'homme est un facteur de plus haute importance dans la conception d'un enfant. La jeune mariée va donc, dès le début du mariage, cacher un peu de la semence de son époux dans un mouchoir pour qu'elle soit observée par une femme âgée issue de son groupe de parenté. Elle diagnostiquera si le sperme du mari est bon ou mauvais. Si on le juge « trop faible », la jeune femme demandera alors à son mari de suivre un traitement sous la houlette d'un guérisseur. Un an plus tard, si rien ne se passe, le mariage sera contesté par les groupes de parenté de chacun des époux. Même si l'homme est plutôt visé dans cette région, les femmes aussi mettent tout en action pour assurer leur fécondité. Dès qu'elles ont l'âge de procréer, elles portent des amulettes, dont la plus connue en Angola est la « poupée de fécondité ». D'autres symboles manipulés par les devins servent à la procréation. C'est le cas de Salujinga, l'esprit de fécondité qui prend la forme d'un serpent en terre modelée peint aux couleurs rituelles : le blanc et le rouge. Si la femme ne peut avoir d'enfant, les devins lui conseillent de déposer Salujinga sous le lit conjugal. Elle se retrouvera enceinte dans les mois qui suivent. Autre miniature angolaise : Mbate, qui représente un homme et une femme accouplés, symbole moralisateur de la bonne entente entre époux. Il est évident que des tensions peuvent surgir entre l'amant de l'un des conjoints et l'autre conjoint. Ceci menace fortement la fécondité du couple. Une autre ethnie africaine prend en compte la responsabilité de l'homme dans le retard de la conception : les Lakkas du Nord-Cameroun. Si, dans un délai de dix jours après le mariage, aucun signe annonciateur ne survient, le jeune marié va accomplir un rituel sur la tombe de son père ou de sa mère. Si ceux-ci sont encore vivants, ce sera la tombe du grand-père paternel. On répand sur la sépulture de la farine de sorgho en prononçant une prière. Ensuite on fait passer une écrevisse sur le corps du jeune homme. La jeune mariée avalera une médecine lorsque son époux sera de retour à la maison. L'enfant qui sera conçu dans cette période sera alors considéré comme la réincarnation du défunt que l'on a invoqué. Il est à noter que ce même rite peut, selon la région, être exécuté par la jeune mariée.

CHAPITRE III

La stérilité

La femme, seule responsable

La stérilité est vécue par les femmes du monde entier comme un véritable drame, car ce sont toujours elles, et jamais les hommes, qui en sont la cause. Les femmes stériles sont l'objet de railleries de la part des autres femmes et de mépris de la part des hommes. Ainsi, en Turquie, l'expression « femme défectueuse » est employée dans la région de Bergame. Dans de nombreux pays, dès les premiers mois de mariage, les signes avant-coureurs d'une éventuelle grossesse sont attendus impatiemment par la belle-famille. Si rien ne survient, la jeune femme est alors harcelée, voire maltraitée. Pour beaucoup, la stérilité est considérée comme un motif légitime de divorce. Parfois, la simple formule « je te répudie », prononcée trois fois par le mari, suffit pour que son épouse retourne chez ses parents.

Au Maghreb, les femmes stériles reviennent ainsi à la charge de leur famille d'origine. Dans les sociétés où la polygamie est autorisée, grande est la peur de voir arriver sous le toit conjugal une nouvelle épouse qui aura la préférence, car ce sera peut-être elle qui donnera un enfant au mari commun. Quatre épouses sont autorisées. Ainsi, les livrets de famille en Algérie comportent-ils quatre pages. « Les belles-mères attendent toujours les premiers signes d'une grossesse dans les mois qui suivent le mariage, confie Soraya, une Algérienne d'Annaba. Au bout d'un an sans enfant, la pression devient plus grande et on demande à la jeune mariée d'aller consulter. » Même constat pour Maïmouna, une Bambara du Sénégal : « Les femmes qui n'ont pas encore d'enfant au bout d'un an de mariage ont peur. Leur mari sont toujours harcelés par leurs parents qui leur disent : "Ta femme ne te donne pas d'enfant, va en chercher une autre." » En Inde aussi, la femme stérile sera rejetée par son mari et sa belle-famille. Le mari prendra alors une nouvelle épouse, sans doute plus féconde, tandis que la première sera considérée par tous rien moins qu'une servante à qui l'on donnera les travaux les plus pénibles à exécuter. Avoir des enfants, c'est donc l'assurance de garder sa place au foyer et c'est ce qui justifie la place de la jeune femme au sein de la famille du mari. « Chez nous, au Bénin, expose Siaka, la femme stérile est gardée à la maison pour s'occuper du ménage et des enfants des coépouses. En général elle est obligée de rester car tout le monde est au courant de sa stérilité, au village. Personne ne voudra jamais plus l'épouser. »

Ainsi la femme est seule responsable de l'infécondité du couple dans bien des sociétés, et si la stérilité masculine est envisagée, ce n'est qu'à mots couverts, sans jamais atteindre l'intensité culpabilisante qui entoure généralement la stérilité féminine. Aussi la femme sans enfant sera-t-elle à la fois plainte et rejetée par la société. On retrouve cette notion de marginalité dans de nombreuses sociétés. La femme inféconde attire malchance et mauvais œil. Sa présence n'est pas souhaitée lors des cérémonies rituelles, et elle sera particulièrement évitée par les femmes enceintes, et par celles qui viennent d'avoir un bébé. Toutes craignent en effet que, par magie, elle ne fasse du mal à leur tout-petit, voire qu'elle le fasse mourir.

Les causes de la stérilité

Les causes de l'infécondité sont diversement interprétées selon les pays. On les impute à la sorcellerie ou à une déficience corporelle, parfois les deux.

LES CAUSES PHYSIQUES

Dans les Andes péruviennes, la stérilité est considérée comme une maladie. De leur côté, les paysannes turques associent la stérilité à la notion de froid. Les ovaires, par exemple, auraient besoin de chaleur ; et si, à un moment quelconque de son existence, une petite fille ou une femme a pris froid, ces organes ne sont plus fonctionnels. Les bains (même en mer ou en rivière) et les ablutions d'eau froide sont donc déconseillés en milieu traditionnel, même pour les petites filles. Cette même notion se retrouve en Égypte où l'on attribue souvent la stérilité au froid que la femme aurait « pris à l'intérieur », en se lavant à l'eau froide, notamment après sa nuit de noces. Autre exemple, dans le village égyptien de Fatiha, on pense qu'un bassin de femme trop petit ou même que des substances naturelles peuvent bloquer l'entrée du sperme. Ces villageois admettent pourtant la responsabilité de l'homme lorsqu'il se marie avec une femme qui a déjà eu plusieurs enfants. Cette défaillance résulterait d'une peur qui ferait mourir les spermatozoïdes. Une nouvelle peur qui surviendrait suffirait pour redonner à l'homme tout sa puissance fécondante. L'infertilité des femmes de Langkawi, en Malaisie, serait causée par une « chose » qui mange la semence et forme un trou dans l'utérus afin que le sang s'en échappe. Le fœtus ne peut alors survivre car, dans cette société, le sang menstruel est vital pour former l'enfant dans le corps de sa mère. C'est la formation de ce trou qui donnerait aux femmes de cette région les grandes douleurs d'avant les règles qui sont associées à l'infécondité. Néanmoins ces problèmes peuvent être guéris par certains remèdes ou certains aliments, contrairement à l'infertilité masculine qui, pour cette ethnie, est considérée comme incurable, résultant d'un manque de semence. Au Mali, on pense que si la femme a eu une relation extraconjugale, les liquides séminaux du ou des hommes avec qui elle s'est accouplée neutralisent la semence du mari. Ainsi la fidélité des Maliennes peut être remise en question si celles-ci n'arrivent pas à avoir d'enfants.

LES CAUSES SURNATURELLES

Les Indiennes wayanas en Guyane, très concernées par la stérilité (15 % des femmes de cette région sont en effet atteintes de stérilité totale), attribuent cet état à la sorcellerie. Elles croient que des chamans les ont désirées lorsqu'elles étaient plus jeunes. Furieux d'avoir été repoussés, ils auraient jeté un maléfice sur les femmes convoitées. Les Indiens tucanos en Amazonie pensent également que leur femme peut être la victime d'un sortilège. Si dans les trois années qui suivent le mariage celle-ci ne se trouve pas enceinte, l'homme prendra alors une nouvelle épouse. Chez les Éwés, au Togo, le devin interroge l'oracle pour connaître les responsables de cette stérilité. Les sorciers peuvent avoir noué l'utérus de la femme ou même mangé le fœtus à chaque début de formation. Il peut aussi s'agir d'un vodu qui « réclame à manger », ou bien encore du destin d'une personne qui demande à être matérialisé. « Si une femme n'arrive pas à avoir d'enfant, c'est qu'on lui a jeté un mauvais sort, affirme Siaka, une Wéménou du Bénin. Surtout si ses frères et sœurs ont déjà eu des enfants. Une femme stérile doit toujours se rappeler son comportement passé, même dans sa jeunesse. Elle a certainement dû offenser une personne qui a voulu se venger en disant : "Toi tu n'auras jamais d'enfant." Il faut alors rechercher la personne qui a jeté le sort et s'excuser auprès d'elle pour avoir enfin le chemin libre. » Sur l'île taïwanaise de Botel-Tobago, les Yamis rendent les esprits des morts responsables de la stérilité d'un couple. Ils pourraient même menacer la vie des descendants. Dans l'île de Selaru, en Indonésie, les causes de la stérilité sont recherchées du côté des oncles maternels de la femme inféconde. Dans cette région, ce sont les « côtés hommes » de la jeune femme qui sont censés donner la vie avec l'aide des ancêtres. Ces ancêtres, mécontents pour diverses raisons, auraient le pouvoir d'arrêter le flux de sang et ainsi de rendre une femme stérile. Après réunions et séances de divination pour interroger les ancêtres, on confirme le diagnostic : les ancêtres « côté hommes » acceptent de transmettre le sang du lignage sous forme d'un nouveau-né. Les hommes vont alors offrir à la jeune femme de nouveaux vêtements qui devront être portés jusqu'à usure totale. Elle recevra également un bracelet en coquillages qu'elle ne devra casser sous aucun prétexte.

La maternité étant fondamentale dans la civilisation indienne, le sort d'une femme stérile est aussi peu enviable. Selon les sermons bouddhiques, le fait qu'un enfant tarde à venir est imputé soit aux carences physiques de la future mère, soit au « mûrissement des résultats karmiques », soit aux effets astrologiques. Si une femme n'a pas d'enfant dans sa vie présente, c'est que sa conduite était impure dans ses vies antérieures. Pour changer sa vie future, elle doit donc pratiquer des actes méritoires. Au Sri Lanka, une jeune femme devra alors prier afin de faire mûrir les résultats karmiques.

L'enfant endormi

Afin d'éviter la répudiation et l'humiliation en cas de stérilité, les musulmanes ont adopté une croyance encore en vigueur : « l'enfant endormi ». On pense que le bébé est endormi dans le ventre de sa mère où il peut séjourner des années avant de se décider à sortir. Il est indiqué dans le Coran que la plus courte durée d'une gestation est de six mois, mais aucun texte sacré ne stipule la durée maximale. Dans certains pays, l'enfant peut se réveiller au bout de deux, trois, voire quatre ans. Afin de limiter les abus, un décret égyptien, signé par Nasser, a fixé la durée maximale de la grossesse à deux ans ! Siaka, une Béninoise, raconte : « Dans mon village, il y a une femme qui est enceinte depuis trois ans et demi. On voit bien qu'elle est enceinte : elle a un bon petit ventre. Elle a certainement dû offenser quelqu'un, et elle cherche qui a pu lui jeter ce mauvais sort. Son mari aussi cherche, car les parents de cette femme lui disent : "Quand notre fille s'est mariée avec toi, elle était normale. Alors tu dois chercher la solution. C'est d'ailleurs peut-être quelqu'un de ta famille qui lui a jeté un sort." » Cette coutume existe dans le Maghreb et dans d'autres pays musulmans. Au Nigeria, chez les Kanuris, par exemple, une femme qui n'a pas eu de cycle menstruel au moins une fois est convaincue qu'elle a conçu un enfant. Mais, en fait, l'absence de règles n'est pas nécessaire pour déclarer l'enfant endormi. En légitimant les enfants adultérins ou conçus hors du mariage, la croyance de l'enfant endormi peut éviter à certaines femmes le bannissement voire la mort par lapidation dans des pays aux lois rigides.

D'autres croyances similaires existent dans d'autres régions du monde. Ainsi, en Haïti, on croit en la « perdition », un mécanisme qui peut geler le fœtus dans le ventre maternel pendant des mois, des années, voire à tout jamais. Dans l'imaginaire haïtien, le sang de la mère sert pendant la grossesse à développer l'enfant. Si, après le début de la grossesse, les règles surgissent à nouveau, on dit qu'il y a « perdition » ou « dérangement », mais la femme continue d'être enceinte. Le fœtus ne meurt pas mais redevient ce qu'il était au début de la formation : une boule de sang. Aucun autre enfant ne peut être conçu tant que le fœtus qu'elle porte n'aura pas été mené à son terme. Le fœtus pourra à nouveau se développer lorsque les flux menstruels cesseront. Les causes de cette perdition sont multiples : par exemple un coup de froid ou de vent qui a pénétré la femme. Afin d'annuler le mal, une sage-femme essayera de chasser ce froid à l'aide de tisanes, bains chauds et massages, de potions ou de médicaments. Si la perdition est due à des circonstances surnaturelles, des sacrifices seront alors pratiqués en l'honneur des défunts que l'on aurait peut-être négligés et qui se seraient vengés. Autre éventualité : une mauvaise personne aurait « vendu » le placenta de la future maman à un sorcier. L'unique solution, dans ce cas, c'est que sa famille, après une cérémonie avec sacrifice qui se tient à minuit dans le cimetière de la ville, aille, à son tour, payer un sorcier pour « racheter » le placenta. « On dit que les femmes elles-mêmes peuvent vendre leur propre placenta à un sorcier, commente Marie, une Haïtienne. Alors, les femmes qui sont stériles ne parlent jamais de leur état. Elles ont trop peur que les gens croient qu'elles ont vendu leur placenta. » Cette croyance de « l'enfant endormi » se retrouve également dans les sermons bouddhiques sous une autre forme. L'enfant qui n'a pas recueilli suffisamment de mérites peut rester et souffrir plus longtemps que la normale dans le sein de sa mère. Un moine éducateur cite le cas d'un bébé qui serait resté dans le ventre maternel pendant sept ans, sept mois et sept jours, suite à ses démérites.

CHAPITRE IV

La lutte contre la stérilité

Sur les cinq continents, la culpabilité de la femme stérile est, nous venons de le voir, lourde à porter. Puisque ce sont les femmes les vraies « coupables », à elles de se sacrifier pour enfin donner un enfant à la société. Ce sont elles qui vont prier, parcourir des kilomètres afin d'honorer un dieu, vont avaler quantité de médecines et autres potions magiques.

Les remèdes populaires

Dans les croyances populaires, on constate que le pouvoir de fécondité semble pouvoir se transférer d'une femme ayant déjà eu des enfants à une autre qui n'en a pas encore. Ainsi, une femme stérile boira de l'eau dans la paume de la main d'une femme ayant des enfants en bonne santé. On peut également endosser l'habit d'une femme chargée de famille ou d'une femme enceinte. Autre pratique, comme en Égypte, plus dure à réaliser celle-là : s'asseoir sur le placenta encore chaud d'une femme venant d'accoucher.

Les potions sont nombreuses pour lutter contre la stérilité. Elles sont administrées par voie orale ou anale, comme l'explique Suzy, une Agni de Côte-d'Ivoire. « Nous avons un traitement efficace nommé *indigena* et préparé rituellement par une vieille femme. On dépose cette pâte constituée de plantes écrasées dans une poire à lavement, et ce remède doit être introduit dans l'anus trois fois par semaine pendant un à deux trimestres. Ma tante l'a fait et ça a marché. Mais si au bout de six mois la femme a toujours ses règles, il faut aller consulter plus au sud du pays, ou bien encore aller un mois ou deux faire un traitement au Ghana. Les méthodes des vieilles femmes ghanéennes contre la stérilité sont réputées. » À Java, c'est au guérisseur que l'on s'adresse en cas d'infertilité. Bien souvent, il prescrira une potion à base de plantes et de formules magiques. Il peut également masser le ventre de la future parturiente de manière à « remettre les organes à leur place ». Il parlera aussi longuement à la jeune femme et lui demandera de tout faire pour être sereine, car la pensée traditionnelle veut que seule une femme calme et heureuse dans son cœur ait des enfants.

Nous savons déjà qu'une des explications données à la stérilité est le froid que la jeune femme a « attrapé » à l'intérieur. Aussi est-il logique que certains remèdes populaires soignent cet effet néfaste. En Égypte, par exemple, on introduit dans le vagin un morceau de tissu de laine renfermant du sel ou du sucre. Ce tissu devra rester en place pendant trois nuits consécutives. Il est dit que le liquide qui s'écoule alors du vagin enlève le froid. Le tissu peut être remplacé par du coton trempé dans le sang qui s'écoule lors d'un accouchement ou de la circoncision d'un garçon. Cette dernière utilisation semble plus rare. On rapporte aussi une méthode alternative : la jeune femme place toute la journée dans son vagin un tissu enveloppant des oignons cuits et du sel. La nuit, ce tissu est remplacé par un autre trempé dans de l'alcool. D'autres procédés aptes à « réchauffer » l'organisme sont en usage dans d'autres pays, comme en Turquie, où les bains chauds et les hammams sont réputés efficaces. On ajoute parfois à l'eau du bain de la cendre tiède, voire une poignée de cannelle. Les fumigations de plantes sont aussi utilisées au niveau du vagin. Les bienfaits seront alors doublés d'une aide efficace contre les mauvais esprits qui sont chassés par la vapeur qui se dégage.

Les offrandes

Au Sri Lanka, les offrandes sont adressées aux génies des arbres, et les femmes promettent de verser du lait au pied d'un arbre sacré pour avoir des enfants. Les lieux de pèlerinage sont d'ailleurs nombreux. Dans chaque région du monde, les femmes savent qu'elles peuvent venir trouver l'aide nécessaire pour être exaucées : rochers, arbres, sources, tombeaux, etc. Par exemple, le temple de Panti Koyil attire de nombreuses Indiennes, car il est réputé accorder des enfants aux femmes stériles. Ces pèlerinages peuvent être menés sous forme individuelle ou sous forme d'une cérémonie collective à un moment précis de l'année. Des cérémonies sacrificielles se déroulent deux fois l'an chez les Minyankas, en fin d'année et au printemps. On célèbre les autels des esprits pour qu'ils apportent des enfants. Cette demande s'accompagne toujours d'une promesse de sacrifice. L'enfant conçu dans l'année qui suivra la cérémonie sera baptisé sur les autels car sa conception sera attribuée à l'esprit invoqué. « Chez nous, on sacrifie un poulet ou un mouton, signale Awa, une Malinké du Mali, et on les donne en offrande avec des noix de kola à un personnage important du village, ou bien encore à un enfant. » La femme touareg en mal d'enfant va prier sur les tombes de personnages vénérés afin qu'ils exaucent son souhait. Elle n'oubliera pas de demander pardon à Dieu pour toutes les fautes qu'elle a commises et de porter continuellement à même la peau une amulette achetée chez le marabout. Ce dernier recevra même une ou plusieurs têtes de bétail si un enfant vient au monde. Si l'on connaît les responsables de l'infécondité, des rites spécifiques doivent être exécutés. Les Tharus du Népal invoquent les sorciers responsables lors d'un rite appelé « faire les fleurs ». Un prêtre va déposer plusieurs fleurs aux coins de la chambre de la jeune femme. Il étale un morceau de tissu rouge près d'une cruche d'eau. Après avoir nommé les auteurs du mal, il va placer les fleurs sur le tissu rouge, le replie, et lie celui-ci avec une ficelle. Ce petit sac devra être porté pendant plusieurs jours par la jeune fille. En milieu traditionnel togolais, le devin sera consulté si un enfant tarde à venir dans le couple. Il fera appel aux esprits de fécondité afin que la conception ait lieu. Pour ce faire, il devra appâter un serpent d'eau car on pense que l'être humain est issu du poisson (voir chapitre premier « Les théories traditionnelles »). Les appâts sont aussi divers que riz, galettes ou igname. C'est la mère qui les apporte. C'est elle aussi qui doit saisir le serpent d'eau dans des feuilles de néré. Le serpent, transformé en une tige de fer torsadée, sera planté devant l'habitation de la femme et deviendra l'autel des esprits de l'eau pour qui on sacrifiera chèvre et brebis. Toujours au Togo, chez les Éwés, on offre une grenouille aux puissances invisibles en vue d'une future maternité. Cet animal, qui s'adapte à l'eau comme à l'air, symbolise la fécondité. Si après toutes les offrandes et les prières la femme dogon du Mali reste sans enfants, elle demandera au devin d'interroger les cauris. Les figures formées par ces coquillages sur le sol révéleront à la jeune femme les raisons de son infécondité. Si la divination dévoile une violation d'interdits que la femme aurait commise involontairement, celle-ci devra se purifier grâce à un rituel précis qui fait appel aux fourmis, souvent considérées dans cette région comme messagères de Dieu. Elle se rendra, la nuit, sur un chemin où se trouve une fourmilière. Après s'être entièrement déshabillée, elle se frottera le visage, les mains, les pieds et l'anus avec du coton. Elle s'accroupira ensuite sur la fourmilière et fera passer une petite tortue d'eau et un poussin entre ses jambes. Poussin et tortue symbolisent les fautes de la femme, qui doivent sortir de son corps. La jeune femme demandera ensuite aux fourmis de l'aider à concevoir un enfant. Puis elle se rhabillera et s'en retournera chez elle après avoir abandonné sur la fourmilière coton, tortue et poussin.

« Gagner » son enfant

Parmi tous les subterfuges inventés par les femmes pour rentrer dans la norme sociale, être enfin acceptée par les siens, il en est un spécifique aux Diolas de Basse-Casamance, au Sénégal : le *kanyaalen*. L'ethnologue Odile Journet a longuement étudié ce long rituel destiné aux femmes infécondes ou à celles qui ont perdu successivement plusieurs enfants. Il s'agit d'éloigner celles-ci, parfois durant plusieurs années. Ce rite est unique au monde.

Afin de mieux comprendre cette coutume, il est nécessaire d'expliquer la philosophie de cette ethnie à propos de la non-venue ou de la perte d'un enfant. Tout d'abord, la femme peut être elle-même responsable en ayant violé un interdit, volontairement ou non. L'enfant vient alors et repart à chaque grossesse. Une autre raison, plus fréquemment évoquée, est celle de mauvais sorts jetés à la femme par les membres de la famille de son mari. Si, après plusieurs années, l'épousée ne donne toujours pas naissance à un enfant, elle subira le *kanyaalen*, organisé par un groupe de femmes qui viendront, en pleine nuit, la kidnapper et l'emmener dans un autre village, parfois très éloigné. Installée chez des « tuteurs », elle devra, sans mot dire, subir les pires épreuves. Elle va, pendant deux ou trois ans, devoir renoncer à tout et être dépossédée de tout, même de son nom. Elle sera d'ailleurs affublée d'un surnom péjoratif tel que « Bingo », « HLM », « Anus », etc., et supportera des situations aussi humiliantes que manger à même le sol ou boire du vin de palme mêlé à de la terre. Ce rite est mis en place pour détourner les mauvais sorts qui les avaient pris pour cible, elle et son enfant à venir. Elle s'offre ainsi en victime à la place de son bébé. La vie est dure pour ces femmes déracinées qui ne doivent même pas croiser leur mari. En revanche, elles sont à l'abri de tout divorce car, durant ce long rituel, le mari n'a pas le droit d'épouser une autre femme. Mais ces femmes peuvent, elles, avoir d'autres partenaires. Si c'est le cas, l'enfant qui naîtrait reviendrait quand même au mari. Fort heureusement, une grande solidarité féminine entoure la jeune femme. Lors de la cérémonie de retour au quartier marital, toutes les femmes offrent de nombreux présents ainsi que des sommes d'argent parfois considérables. L'enfant du *kanyaalen* sera particulièrement protégé pendant les premières années de sa vie et parfois travesti afin de déjouer les mauvais esprits. Il ne faudrait pas croire que cette coutume soit en voie de disparition, bien au contraire. Elle ne cesse de se développer depuis une quarantaine d'années. Son succès tient sans doute aux résultats positifs qui sont obtenus puisque bon nombre d'enfants seraient nés et auraient survécu grâce à lui. Des résultats qui peuvent être expliqués par les nombreux changements qui s'opèrent sur une femme en attente de maternité, changements tant psychologiques — puisque l'*anyaalen* est, de par ses croyances culturelles, persuadée de la réussite du projet — qu'hygiéniques — puisque le déracinement impose un nouveau mode de vie à l'*anyaalen* (qualité de l'eau, régime alimentaire, etc.).

CHAPITRE V

Fille ou garçon ?

Dès les premiers signes annonciateurs de l'arrivée d'un nouveau membre dans la famille, la future maman est rassurée. Enfin elle va être mère, enfin elle va avoir sa vraie place au foyer, enfin elle va être respectée en tant que femme ! Pourtant, une autre épreuve l'attend : celle de la détermination du sexe de l'enfant qu'elle porte. Pour que la joie soit complète, il faut que ce soit bien sûr un fils. De rares sociétés échappent à ce désir d'enfant mâle (selon le rapport du Congrès international de la population, il semblerait qu'une préférence soit pourtant donnée aux bébés de sexe féminin en Colombie et en République dominicaine). Dans les pays industrialisés, le désir est équivalent pour les deux sexes, sauf, bien entendu, pour les couples ayant déjà eu plusieurs petites filles. Mais, dans tous les autres pays, on espère que le premier enfant va être un garçon. L'autorité et l'influence de la mère seront en rapport avec le nombre d'enfants mâles à qui elle aura donné le jour. En Égypte, le pouvoir d'une femme est à son apogée lorsqu'elle atteint le statut enviable de belle-mère. Aussi elle doit absolument mettre au monde des petits mâles qui s'occuperont d'elle lorsqu'elle sera âgée. Les filles, elles, vont se marier et aider leur nouvelle famille. Même raisonnement chez les nomades du Sud tunisien où une fille quittera un jour sa famille pour aller vivre sous la tente d'un mari qui deviendra peut-être un futur ennemi. Alors qu'une fille s'en va, le garçon reste, quant à lui, pour défendre sa tribu et ses parents. « J'ai un cousin qui a eu neuf petites filles à la suite ! commente Halima, une Kurde d'Irak. Il ne se plaignait pas, car il les aimait beaucoup. Mais toute la famille le poussait à prendre une autre femme. On disait que c'était de sa faute à elle s'il n'arrivait pas à avoir d'enfant mâle. Il est quand même resté avec son épouse. C'est très rare. Il a été récompensé puisque le dixième enfant qui est arrivé, c'était un garçon ! »

Les conséquences pour la mère qui n'engendre que des filles sont parfois, en effet, celles appliquées à une femme stérile : répudiation ou cohabitation obligatoire avec une nouvelle épouse qui, elle, donnera un enfant mâle, ce que souhaite le mari. C'est le cas, entre autres, en Algérie où, depuis leur jeunesse, les femmes sont éduquées dans ce sens : servir leur époux et lui donner un fils. Ne pas y parvenir est ressenti comme un véritable échec. « Si une femme n'a que des filles, on la plaint beaucoup entre nous, on dit : "Oh la pauvre", constate Aziza, une Algérienne de la Grande Kabylie. On sait que les filles vont s'en aller quand elles se marieront, alors il n'y aura plus personne pour s'occuper des parents quand ils seront vieux. Le fils, lui, apporte de quoi vivre quand les parents sont à la retraite. » Au Sri Lanka, on dit que l'enfant mâle porte le cercueil des parents jusqu'au cimetière, car c'est lui qui enterre ses parents et portent ensuite leur nom. C'est donc une question d'honneur pour le père : son fils va continuer la lignée. « Mon premier bébé était un petit garçon, alors toute la famille était soulagée et bien contente », commente Emalda, une Sri Lankaise. De plus, c'est grâce au descendant mâle que le culte des ancêtres sera perpétué. Les brahmanes de l'Inde de l'Ouest espèrent de tout cœur cet héritier qui est le seul investi pour accomplir les rites funéraires et ainsi épargner l'enfer à l'âme de son père. Si, après huit années de vie conjugale, aucun fils n'arrive, le mari est autorisé à se remarier. Un couple qui n'engendre que des filles a donc un sort peu enviable : avoir un nom qui s'éteint et manquer à ses devoirs vis-à-vis des ancêtres disparus. « C'est également très important en Afrique, rappelle Suzy, une Agni de Côte-d'Ivoire. Si on ne donne pas naissance à un enfant mâle, on dit chez nous que la maison sera toujours inhabitée, car le nom disparaît et alors on ne vous reconnaîtra plus. Si on n'a que des filles, on a perdu : on les nourrit, on les habille, et elles partent pour rechanger de nom. » La naissance d'une fille n'est bien acceptée que lorsqu'elle arrive après la naissance d'un ou plusieurs garçons. « On vient d'avoir une petite fille, mais on est content, parce que, il y a deux ans, on a déjà eu un petit garçon ! » confirme Inès, une Marocaine. Au Vietnam, il est entendu qu'un garçon unique, c'est positif, et que dix filles, c'est négatif. Pourtant, tous les enfants de ce pays, quel que soit leur sexe, sont aimés avec la même tendresse, et il n'y a jamais eu de pratique infanticide pour raison sexuelle, même dans un passé lointain. Contrairement à d'autres régions : chez les Indiens yanomanös d'Amazonie, par exemple, certaines femmes, jadis, tuaient leur bébé de sexe féminin. Elles ne voulaient pas décevoir les pères qui proclamaient ne vouloir que des fils. Il faut dire que les enfants mâles sont largement préférés : ils deviendront en effet les guerriers et les chasseurs dont la communauté a besoin. Le même comportement a été noté chez les Tucanos d'Amazonie. Si une femme donne naissance à plusieurs filles, elle sera réprimandée : elle seule est fautive. Aussi les mères ont-elles souvent enterré vivante leur petite fille, juste après la naissance.

À l'heure actuelle, de nombreuses petites filles sont encore tuées à la naissance, ou même avant. En Inde, en Chine et en Corée, l'utilisation de l'échographie a permis de connaître avant la naissance le sexe du bébé. Cet appareil, si utile médicalement, est devenu un outil de discrimination sexuelle qui aboutit, en cas de bébé de sexe féminin, à un avortement. Guy Herzlich, dans un article du *Monde*, daté du 12 juillet 1995, révèle que dans certaines régions de l'Inde du Sud l'infanticide des filles subsiste, maintenu par le système d'héritage et de dot, et par la répartition des tâches religieuses entre les sexes. Selon une enquête menée dans la région de Salem, 45 % des décès de nourrissons étaient dus à l'infanticide. En Chine, où la politique de l'enfant unique est rigoureusement appliquée, on découvre des bébés de sexe féminin étouffés à la naissance dans le Shanxi et la région de Shantou (article du *Monde* du 10 mars 1981). L'enfant mâle sera toujours le bienvenu. Il perpétuera la race et aidera ses parents dans le travail familial. À l'inverse, l'argent dépensé pour la fillette le sera à perte puisque, une fois mariée, elle devra quitter sa famille et ne pourvoira pas aux besoins de ses vieux parents. Puisqu'un seul enfant est permis, on préfère mettre un terme à toute venue féminine pour réaliser cet impératif : avoir un fils. Fort heureusement, cette pratique n'est pas générale. La plupart des femmes chinoises gardent leur petite fille, tout en regrettant de ne pas avoir donné naissance à un enfant mâle. « On voulait un garçon mais on a eu une fille. On ne peut rien y faire, c'est la nature ! » déplore Hang, qui a donné naissance à une fille dans son pays. Puisque la loi lui interdit une seconde chance, elle s'est exilée à Paris et vient de donner vie à… une deuxième petite fille. Lorsque je lui ai demandé ses sentiments par rapport à cette seconde naissance, elle a préféré ne pas répondre, tant la déception était forte.

L'accueil selon le sexe de l'enfant

Au moment même de son arrivée sur terre, le tout-petit sera accueilli différemment selon son sexe. La venue d'un enfant mâle se fera dans la joie et l'allégresse. Celle d'une fille sera moins fêtée, voire regrettée. Les Touaregs du Hoggar viennent tous féliciter la nouvelle maman s'il s'agit d'un garçon. Il est le bienvenu, car il augmentera, quand l'heure viendra, la force militaire de la tribu. Si c'est une fille, seules les femmes viennent visiter la mère. Au Maghreb toujours, lors de l'annonce de la naissance du fils, toutes les femmes présentes à l'accouchement poussent les youyous rituels. En Algérie, il arrive même que le père tire des coups de fusil. La mère aura droit à des plats particuliers. En Égypte, les médecins de l'hôpital annoncent haut et fort la venue d'un garçon tandis qu'ils murmurent simplement celle d'une fille. D'ailleurs, certains parents feront un cadeau au médecin ou combleront généreusement une sage-femme traditionnelle pour avoir fait naître un enfant mâle. Parmi les rites d'accueil du bébé dogon au Mali, un sacrifice supplémentaire est exécuté lors de la naissance d'un garçon. Le père invoque les ancêtres pour que l'enfant soit toujours en bonne santé. Il prononce cette prière tout en égorgeant un coq et une poule au-dessus des poteries destinées aux mânes de la famille.

Les méthodes de prédiction

Nombreuses sont les femmes qui ont envie de connaître le sexe de l'enfant qu'elles portent lorsqu'elles sont enceintes. Dans les sociétés industrialisées, l'échographie l'apprendra aux femmes qui le souhaitent. Ce qui n'empêche nullement l'utilisation des bonnes vieilles méthodes pour le détecter avant ce terme. Voyons ce qu'il en est dans les sociétés traditionnelles où de nombreuses pratiques ont cours.

PRÉDICTIONS AVANT LA CONCEPTION

En Afrique, la jeune fille bambara saura déjà le sexe de son premier enfant avant même sa première expérience sexuelle. C'est en effet lors de l'excision que la divination aura lieu : on jette le clitoris tranché à terre. Si une souris mâle vient le dévorer, c'est sûr, l'enfant à venir sera un garçon. Si c'est une femelle, ce sera une fille. Certaines sages-femmes marocaines peuvent prédire, en observant le placenta d'une femme qui vient d'accoucher, le sexe du prochain bébé que cette femme portera. Il faut rappeler que, dans la pensée traditionnelle, l'enfant à venir est déjà là, endormi, et qu'il se réveillera lors de la prochaine grossesse (voir chapitre III « La stérilité »). Dans la France du début du siècle, on observait les changements de lune après la naissance : si la lune changeait dans les trois jours qui suivaient l'accouchement, on pensait que l'enfant à venir serait du sexe opposé à celui qui venait de naître. Parmi les rites de prédiction, citons encore le « jeu de l'aiguille », toujours en pratique au Québec. On suspend l'alliance de la future maman à un fil et son aiguille, au-dessus de son poignet. Si l'aiguille décrit un cercle, c'est une fille. Si elle oscille, la naissance d'un garçon est envisagée. La même coutume persiste en France où la bague seule accrochée à un fil ou à une chaîne sert de pendule.

SELON LES CALCULS

Il existe une règle populaire très simple au Vietnam pour prédire le sexe d'un enfant : si le coït a lieu un lundi, un mercredi ou un vendredi, ce sera un garçon, les autres jours donnant une fille. Un calcul rapide et facile est également assez commun dans cette même région du monde. Il faut calculer la somme des âges du géniteur et de sa femme au moment de la conception et enlever ensuite quarante. À cette dernière somme, on soustrait successivement un, deux, trois, etc., jusqu'à ce qu'aucune autre soustraction ne soit plus possible. Si le chiffre restant est pair, ce sera une fille; si c'est un chiffre impair, un garçon. D'autres calculs, beaucoup plus complexes, sont établis par les astrologues asiatiques. Ils tiennent alors compte non seulement des âges du couple mais aussi de la date du mariage, du mois de la conception et de la date prévue pour l'accouchement.

SELON L'INTERPRÉTATION DES RÊVES

Dans certains pays, on interprète les rêves de la femme enceinte pour connaître le sexe de l'enfant qu'elle porte. Ainsi, en Turquie, si une future mère rêve de la lune, elle aura un enfant mâle. Il en sera de même lorsqu'elle rêvera d'outils symbolisant l'homme face aux dangers (couteaux, fusils, etc.), le sexe fort étant considéré comme plus vaillant. Un rêve annoncera l'arrivée d'une fille si la future mère y voit le soleil ou tout ce qui symbolise une activité féminine (ciseaux, aiguilles) ou la parure (colliers, bracelets, bijoux). Une femme coréenne attend un petit garçon si elle rêve de chevaux, de vaches, de dragons, d'ours ou de tout autre gros animal. Il lui est prédit un enfant de sexe féminin si elle songe à des fleurs ou à des jouets attribués conventionnellement aux filles. En Égypte, le mouchoir imaginé en rêve est signe de l'arrivée d'un garçon et le foulard celui d'une fille. Chez les Yamis de Botel-Tobago (Asie du Sud-Est), le songe révèle non seulement le sexe de l'enfant mais aussi sa vie future. Un poivrier grimpant très droit présage en effet que l'enfant à venir sera un garçon dont la vie sera longue. Ce sera toujours un garçon, mais dont la vie sera courte, si on rêve d'un citronnier dont le fruit tombe des mains. La naissance d'une fille est annoncée par la vision d'une noix d'arec, ou d'un manguier. Il est à noter que la femme n'a pas besoin d'attendre d'être enceinte pour faire ces prédictions qui peuvent être rêvées par l'un ou l'autre des jeunes mariés dès les premiers mois d'union.

SELON LA MORPHOLOGIE DE LA FUTURE MÈRE

Le corps de la future maman sera jugé, et une kyrielle de prédictions seront établies. « Si le ventre est allongé et pointu, on dit que c'est un garçon. Les filles se portent plus bas », décrit Patricia, une Guadeloupéenne. Parfois, un garçon est envisagé si le fœtus se situe dans la partie droite de l'abdomen. Lorsque le ventre grossira, l'enfant mâle fera encore pencher l'utérus à droite. Cette tendance à trouver le sexe masculin à droite se rencontre dans plusieurs pays, mais prévaut dans les sociétés arabes. En effet, dans la tradition islamique, la droite est considérée comme le côté faste et heureux, la gauche comme le côté néfaste. « En revanche, on trouve l'opposé au Sri Lanka, nous explique Emalda, une Sri Lankaise. Chez nous, on dit qu'un ventre plus large à gauche donnera un petit garçon. » La même croyance se retrouve au Vietnam. Si ce test n'est pas assez explicite, on tente dans ce pays l'expérience suivante : on pose une question soudaine à la femme enceinte qui se trouve sur le seuil de sa porte. Si elle se tourne à gauche pour répondre, ce sera un garçon. À droite, ce sera une fille. Dans bien des pays, les mouvements du bébé sont aussi analysés. Le plus souvent, on croit que l'enfant mâle bouge beaucoup plus que la petite fille. Les seins sont aussi parfois source de renseignements. La femme turque peut penser qu'elle porte un petit mâle si les bouts de ses seins sont rouges ou marron et une petite fille s'ils sont noirs ou roses. L'aréole de la femme inuit s'assombrit lorsqu'elle est enceinte d'un enfant de sexe masculin, « les hommes se salissant plus que les femmes ». Les sages-femmes vietnamiennes traditionnelles pensent qu'une femme qui porte un enfant mâle a le sein gauche plus développé que le droit. Afin d'être sûr du diagnostic, on pratique une expérience étrange : on dépose une pincée de sel sur le sein gauche de la future maman. Le sel sera vite dissous si le bébé est de sexe masculin, alors que rien ne se passera si le sel est placé sur le sein droit. Notons enfin que chez les Indiens seris du Mexique, les futures mamans fatiguées pendant leurs premiers mois de grossesse sont censées engendrer une petite fille. Si c'est le père qui ressent de la fatigue lors des premiers mois de grossesse de sa femme, ce sera un garçon…

Les méthodes pour choisir le sexe de son enfant

Plusieurs méthodes s'offrent aux femmes pour choisir le sexe de leur enfant, ou plutôt, devrait-on dire, pour faire en sorte d'engendrer un enfant mâle, puisque c'est le sexe désiré par toutes et tous. On peut très tôt marquer son influence. À Taïwan, on donne parfois le nom de « Dernière Fille » à un bébé, afin d'arrêter une succession de filles, véritable malédiction. Chaque pays a ses propres prières ou sacrifices en la matière, mais aussi des pratiques spécifiques. Au Vietnam, la femme place des morceaux d'ongles ou des cheveux sous l'oreiller de son mari, sans que celui-ci le sache. Le mari peut, quant à lui, mettre des plumes de coq sous le matelas ou déposer sous le lit un petit arc qu'il aura lui-même confectionné. Le moment choisi pour la conception d'un enfant peut aussi entrer en ligne de compte pour engendrer un fils. Selon la croyance traditionnelle vietnamienne, le fœtus est le fruit de l'échange des essences vitales de chaque parent. Si, lors du coït, l'essence mâle domine, l'enfant sera de sexe masculin. Pour concevoir un petit garçon, il faudra donc le féconder les premiers jours du cycle menstruel, lorsque le sperme est plus fort que l'élément sanguin de la femme. Pour les Baruyas en Nouvelle-Guinée, le sexe est déterminé par la répartition des liquides masculin et féminin lors du coït. Si le sperme l'emporte sur l'eau de la femme, ce sera un garçon. La semence a toute son importance aussi en milieu traditionnel égyptien où il est dit qu'un sperme abondant donnera un enfant mâle. Les Indiens mayas du Guatemala peuvent faire une offrande au chaman s'ils désirent particulièrement un sexe précis pour leur enfant à venir. En Afrique, la femme omboundou, si elle veut un bébé de sexe masculin, échangera sa nourriture contre celle d'une mère ayant déjà engendré des mâles. La femme souto, elle, se couchera tout de suite sur le côté droit après le rapport sexuel pour avoir un petit garçon, le côté gauche étant réservé à la conception de filles.

Une fois la première étape de la fécondation terminée, il est toujours possible d'agir sur le sexe de l'enfant. La femme tucano d'Amazonie évitera de prendre un bain pendant toute sa grossesse pour avoir un bébé mâle. Chez les Wahgis de Papouasie-

Nouvelle-Guinée, on fait appel à la magicienne. Elle collecte des herbes dont les boutons de fleurs rappellent, par leur forme, les testicules mâles. Après une longue incantation, elle donnera ces plantes à manger à la femme qui veut un petit garçon. Elle lui apportera plus tard un petit arc et une petite flèche magiques que la future mère déposera sous sa tête afin que, en dormant, elle rêve au petit homme qu'elle va engendrer. Notons l'originalité d'une croyance chez les Inuits au Québec arctique : avant la naissance, le pénis pourrait se « fendre » et devenir un organe sexuel féminin. Seule la sage-femme inuit avait, il y a peu de temps encore, la faculté d'empêcher le petit garçon de se transformer en petite fille au moment même de l'accouchement à l'aide d'une gestuelle précise. En Chine et à Taïwan, un rituel a lieu afin de changer le sexe de l'enfant dans le ventre maternel : *huantai* (« changer l'enfant »). Toutes les données relatives au fœtus sont établies grâce au calcul de l'horoscope prénatal et aux méthodes divinatoires. Le chaman découpe une figurine de papier rouge et blanc sur laquelle il va inscrire le nom de l'enfant et les vœux faits pour lui. Cette figurine, placée en position fœtale, est un substitut de l'enfant que l'on pourra tout à loisir transformer.

DEUXIÈME PARTIE

La grossesse

Dans de nombreux pays, on considère que la future mère et l'enfant qu'elle porte entretiennent des relations privilégiées avec les êtres de l'au-delà qui les protègent. Mais on pense également que la femme enceinte et son petit sont les proies préférées des mauvais esprits qui veulent entrer en contact avec le monde réel. Ces croyances placent alors la future mère en état de marginalisation, et celle-ci se met à représenter une menace pour la société. Elle devra donc se préserver des maléfices à l'aide d'amulettes et de rites protecteurs.

Pour s'assurer une bonne grossesse, un bon accouchement et donner naissance à un bébé conforme aux normes de beauté, la future mère devra également respecter nombre d'interdits comportementaux et alimentaires. Dans certaines ethnies, des règles particulières seront imposées au futur papa.

CHAPITRE VI

L'annonce de la nouvelle

Nous avons vu lors des chapitres précédents combien la venue d'un enfant était une chose primordiale dans toutes les sociétés. Il semble évident qu'un bébé tant attendu place la future mère dans un état particulier, puisqu'elle est entourée et aidée par son entourage et tout le village.

Lorsqu'une femme est enceinte, elle attendra d'être certaine de son état avant d'annoncer la nouvelle. En Égypte, on attend que l'absence de règles soit confirmée pendant quarante jours pour considérer qu'une femme est enceinte. Au Burkina Faso, chez les Lobis, la future mère est soumise le deuxième mois à un rite d'aspersion qui, s'il n'est pas observé, peut mener à un avortement. Une personne qui appartient au clan du mari asperge la femme enceinte endormie avec de l'eau mélangée à du kaolin en proclamant qu'elle accepte l'enfant, même si celui-ci est aveugle ou lépreux. On approuve ainsi l'arrivée du bébé, et l'annonce publique pourra avoir lieu. Dans ce pays, la même coutume est pratiquée chez les Mossis. C'est alors la tante du mari qui verse l'eau en déclarant que l'enfant à venir appartiendra à la famille paternelle, afin de bien marquer à la future mère le lignage du bébé.

Partout en Afrique, la grossesse est cachée pendant

les premiers mois. Avant l'annonce officielle, nul n'a le droit d'y faire allusion, sinon tout incident qui arriverait à la mère ou à son petit lui serait imputé. Si le secret est partagé, ce n'est qu'avec la famille proche. Déclarer trop tôt une grossesse serait anticiper sur la volonté divine et risquer d'attirer le « mauvais œil ». « On attend toujours le quatrième mois de grossesse pour annoncer la nouvelle », témoigne Soraya, une Algérienne d'Annaba.

Parfois, on ne signale la grossesse qu'à des personnes bien précises, suivant une hiérarchie établie. La déclaration peut même donner lieu à des rites particuliers selon les pays. Un couple kanuri du Nigeria n'en parlera à ses parents respectifs qu'au deuxième mois. Dans le courant de la grossesse, jusqu'à la naissance, ils ne l'évoqueront qu'à mots couverts, afin de ne pas attirer les esprits malins, qu'ils soient humains ou invisibles. La femme tshokwé, en Angola, informera en premier lieu la mère ou la grand-mère, et ce, avant son mari. Les femmes de sa famille sont en effet à même de procéder au rituel nécessaire pour une bonne poursuite de la grossesse. Au Zaïre, l'annonce officielle peut être faite par le frère du mari, la tante paternelle ou une femme dont le premier enfant est encore en vie. En Asie, chez les Yamis, on sait pertinemment quand la femme est enceinte : dès que la grossesse est confirmée, elle porte une jupe neuve, tissée de ramie sauvage marine et blanc. En Équateur, les femmes cayapas n'en parlent à personne, pas même à leur mari. Il est tenu pour évident que tout le monde le saura lorsque le ventre se sera arrondi.

CHAPITRE VII

La future mère en marge de la société

La formation du bébé dans le ventre de sa mère a toujours fasciné les êtres du monde entier. Même dans les pays industriels, on reste troublé devant ce merveilleux processus de vie. Comment ne pas être captivé par la magie de cette transformation ? Mais si l'on reste ébloui par ce bébé qui bouge et vit déjà dans le corps de sa mère, celui-ci ne génère aucune crainte, contrairement aux sociétés traditionnelles qui redoutent l'enfant à venir. Cette crainte tient aux croyances populaires concernant le lien très fort qu'entretiendrait le fœtus avec les « Invisibles », ces êtres surnaturels. Cet enfant qui n'est pas encore de notre monde, mais qui est encore tout imprégné du monde des Invisibles, est un être ambigu dont on se méfie. On lui prête même parfois des pouvoirs maléfiques : les Bororos du Brésil pensent qu'un enfant peut apporter de grands désastres (maladies, guerres, etc.), et le rôle que l'enfant à venir va jouer dans le destin de la société est révélé dans les rêves de la mère qui le porte. Si le songe indique un grand danger, la destinée de l'enfant sera stoppée dès sa naissance : on ne coupera pas le cordon ombilical. Il retournera à la terre et sera enseveli dans la jungle, loin du village. À Madagascar, les Tanalas considèrent le fœtus comme méchant, capricieux, représentant un danger pour les autres. Nous verrons que ce statut menaçant continue après la naissance, jusqu'à ce que surviennent les rites d'intégration qui permettront à l'enfant d'avoir sa place dans la société.

Dans les croyances de bien des sociétés, la femme qui porte un enfant se trouve, elle aussi, dans une situation ambiguë. Du statut de femme, elle va passer en quelques mois au statut de mère. Mais pendant les neuf mois de grossesse, ce statut balance entre les deux. Elle porte en son sein un enfant qui vient d'un autre monde, et on est persuadé qu'elle-même est en relation directe avec le monde des Invisibles. Nous avons exposé les rapports souvent très forts qui existent entre la future mère et les êtres surnaturels au moment de la procréation (voir première partie « La conception »). Lors de la grossesse, on pense que la future mère continue d'être en communication avec l'au-delà. Les ancêtres, par exemple, ont souvent la tâche de protéger la femme enceinte afin de préserver la lignée du clan. Au Nigeria, les Igbos sont persuadés que les ancêtres se réjouissent à la venue d'un nouvel enfant. Ainsi, une femme enceinte ne sera maltraitée ni par son mari, ni par aucun autre villageois, de peur de provoquer la colère des ancêtres. Dans plusieurs pays d'Afrique, mais aussi à Madagascar, un ancêtre protecteur peut se réincarner sous forme de serpent. Ainsi un serpent s'approchant d'une femme enceinte est-il un présage heureux car l'ancêtre veillera à ce que la naissance se déroule le mieux possible. Chez les Lubas du Zaïre, le lien entre la future mère et les ancêtres est si fort qu'un parent défunt apparaît en rêve à la femme enceinte pour lui révéler son désir de protéger l'enfant à venir. Après la naissance, celui-ci portera alors le nom de son protecteur.

Mais, durant la grossesse, d'autres puissances peuvent tenter à leur tour de pénétrer la future mère. Elle devient alors une proie facile pour les forces surnaturelles (esprits, sorciers et défunts) qui veulent entrer en contact avec le réel.

Les mauvais esprits

Les esprits dangereux pour les femmes enceintes diffèrent d'un pays à l'autre, mais ils ont souvent un trait commun : ils attaquent la nuit.

La femme bariba, au Bénin, ne se risquera pas à sortir de chez elle la nuit. Un esprit pourrait en profiter pour transformer son enfant en monstre. Il en va de même au Sénégal ou au Mali, comme l'explique Awa, une Malinké : « Si vous sortez la nuit, un esprit peut remplacer votre bébé par un des siens, un serpent, par exemple. Il aura l'apparence d'un être humain, mais, à l'intérieur, ce sera un serpent. D'ailleurs, ces enfants-là tournent la tête à la façon des serpents. Il faut alors aller consulter un marabout pour qu'il rende à l'enfant sa vraie nature. » La même peur se retrouve en Océanie, à Java. Les esprits malins rôdent la nuit autour de la maison de la femme enceinte. S'ils arrivent à pénétrer la future mère, cela provoquera un avortement. Si l'enfant parvient quand même à vivre jusqu'à l'accouchement, il aura un comportement étrange et pourra mourir plus tard des suites de fortes convulsions. La femme enceinte javanaise s'abstient donc de sortir hors de chez elle dès la tombée de la nuit et veille à bien fermer portes et fenêtres, et ceci jusqu'au septième mois de grossesse. La même croyance se retrouve au Sénégal, comme l'expose Maïmouna, une Bambara : « La nuit, les mauvais esprits circulent partout. Il ne faut pas sortir de chez soi. Si on est obligée quand même de sortir, il ne faut surtout pas oublier son gri-gri et bien s'asperger d'eau bénite. On est plus en sécurité à la maison, mais les esprits peuvent quand même pénétrer dans les habitations. Alors, pour les tenir éloignés, on accroche des cornes de bœuf au-dessus de la porte et des fenêtres, car ce sont les endroits par où ils rentrent. » Les endroits sombres étant les lieux préférés des esprits, la femme dogon au Mali évitera de s'assoupir à l'ombre hors de son village. Les tamariniers sont les arbres les plus dangereux car ils sont en relation directe avec les esprits : la nuit, ils parcourent les plaines et les dunes de la brousse et ne reviennent à leur place qu'au petit matin. Les esprits qui habitent dans la brousse sont vus comme des êtres jaloux des hommes. Ils peuvent changer le fœtus en un bébé qui sera en apparence humain, mais qui aura certains traits proches des esprits. Les plus terribles d'entre tous sont les *atûwunus* qui vivent sur les pentes des talus. Ces êtres maléfiques, qu'on imagine noirs, petits et trapus, attaquent en frappant avec leur bâton afin de voler le bébé dans le ventre de sa mère ou d'échanger les fœtus. Viennent ensuite les *jinus*, des esprits énormes qui rôdent dans les plaines. Ceux-ci échangent les bébés humains contre des enfants qui ne dormiront pas la nuit, qui trembleront et pleureront tout le temps. Il existe aussi des esprits qui rendent les enfants fous et d'autres qui amènent des enfants couverts de plaies sur tout le corps. Tous ces enfants sont supposés mourir dans un laps de temps assez court après leur naissance.

Au Cambodge, la future mère devra craindre les maléfices d'un esprit féminin ennemi des femmes enceintes ou des femmes en travail : la *bray*. Cette dernière, très efficace pour faire naviguer les pirogues de course, habite dans les pagodes où sont conservées les embarcations dont elle assure la garde. Mais si la *bray* croise une femme enceinte, elle provoquera alors une fausse couche. Ainsi la femme enceinte cambodgienne évitera-t-elle de passer devant une pirogue de course ou devant le hangar qui l'abrite, de peur de subir la malédiction. Elle passera toujours par-derrière, dans le dos de l'esprit. Un autre interdit lui est imposé : ne pas pénétrer en forêt, car le parfum que dégage une femme enceinte attire les bêtes sauvages.

Les sorciers

Les Tanalas de Madagascar prendront soin de ne pas laisser traîner dans les champs un pot de miel ou un outil. Ces objets sont en effet des symboles sexuels : le miel, nourriture du fœtus, représente la semence, et l'outil, considéré comme masculin, le pénis. Si un sorcier ou un esprit venait à détenir l'un ou l'autre, il pourrait nuire au bébé ou à sa mère en intervenant sur le processus biologique. D'autres sorts menacent les fœtus des Éwés du Togo : un sorcier peut nouer le cordon ombilical du bébé dans le ventre de sa mère. Pour éviter ce sortilège, la future maman doit éviter de coudre et de se faire des tresses en public. « Les gens mauvais sont dangereux pour l'enfant, déclare Alphonsina, une Angolaise. Ils peuvent jeter un mauvais sort, et on voit le résultat le jour de l'accouchement, par exemple, lorsque l'enfant est malformé. » « C'est vrai, approuve Siaka, une Wéménou du Bénin, si le père et la mère sont normaux, il n'y a aucune raison pour que l'enfant soit malformé. On sait alors que c'est un sorcier qui a agi sur le fœtus. » En règle générale, la meilleure protection des Africaines reste la discrétion sur la maternité afin d'échapper au mauvais œil. Il est donc préférable de ne pas trop se vanter d'être enceinte, comme l'explique Suzy, une Agni de Côte-d'Ivoire : « Quand on est enceinte, on fait tout pour que les autres ne nous voient pas. On reste enfermé, car si les femmes voient qu'on se balade avec notre gros ventre, elles peuvent croire qu'on les nargue. Elles disent : "Elle est bien fière d'être enceinte", et le mauvais sort peut partir de ce moment-là. Alors on cherche des cachettes. Par exemple, ma sœur était partie chez ma tante à la campagne dès le début de sa grossesse et elle a accouché là-bas. Les gens de notre quartier demandaient des nouvelles mais on répondait qu'elle était en vacances. À la campagne, on est plus à l'abri, car toutes les vieilles femmes se connaissent et savent que chacune est capable de jeter des mauvais sorts. Elles n'osent pas se provoquer. On revient au village après la naissance de l'enfant. Si on est riche, on peut aussi venir accoucher en Europe, les gens ne nous connaissent pas, on craint moins le mauvais œil. »

Il est aussi déconseillé d'acheter la layette avant la naissance, par peur de mauvais présage. « Si on achète des vêtements pour bébé avant l'accouchement, on est persuadée que l'enfant va mourir », approuve Dominga, une Cap-Verdienne. C'est d'ailleurs une croyance qui se retrouve sur d'autres continents, comme le prouve le témoignage d'Emalda, une Sri Lankaise. « Il ne faut absolument rien acheter avant la naissance. Les brassières, les pyjamas du bébé, et même le lit seront achetés après la naissance. » On retrouve cette coutume en milieu hospitalier français. L'équipe médicale qui assure l'accouchement est parfois surprise de découvrir que le nouveau-né n'a aucun vêtement et peut penser à tort que le petit n'était pas attendu. En fait, le mari ira vite acheter tout le nécessaire le jour même de la naissance. Et si la femme tricote elle-même les habits du futur bébé, elle le fera toujours à l'abri des regards. « Aux Antilles, le trousseau sera prêt le jour J, mais, à la maison, on ne décore pas la chambre de l'enfant et on n'achète pas le berceau avant la naissance, explique Patricia, une Guadeloupéenne. Sinon on dit que le bébé risque de mourir. Si jamais on l'achète en avance, il faut impérativement que le frère ou la sœur aînée ait dormi dedans au moins une nuit pour conjurer le sort. »

Les défunts

Les esprits et les sorciers ne sont pas les seules forces dont la femme enceinte doit se méfier, le pouvoir des défunts est aussi très important. À Taïwan, la future mère yami veillera à ce qu'aucun mort ne vienne la pénétrer lorsqu'elle s'assoit pour travailler dans les champs. Pour ce faire, elle « coupera » symboliquement le sol à l'aide de son bras et gardera les jambes bien serrées. Si malgré tout un défunt venait en elle, elle donnerait alors naissance à des jumeaux. Celui qui viendra à naître en second sera considéré comme appartenant au mort. Il sera alors rejeté, car il est censé représenter un danger pour la communauté. Chez les Baribas, au Bénin, on croit que les défunts creusent la tombe de la femme pendant toute sa grossesse. Le jour de la naissance, ils commencent à la refermer. Quarante jours après la délivrance, la tombe se refermera, définitivement vide. Ce mythe met en lumière les dangers que la femme côtoie pendant toute sa grossesse et lors de la suite de couches, dans des pays où le taux de mort maternelle est l'un des plus élevés au monde.

Les risques pour la société

Toutes ces croyances marginalisent la femme enceinte. Son état, proche des puissances surnaturelles, représente une menace pour toute la communauté.

On redoute, par exemple, sa présence aux champs ou en mer, car elle évoque concrètement un danger pour les futures récoltes ou pêches. Ainsi, la future mère dogon ne doit pas aller dans un champ de riz, sinon la plante ne pourrait arriver à maturité. Elle peut en revanche aller travailler dans les champs de mil, car cette plante pousse plus facilement dans la terre malienne. Au Cameroun, la femme enceinte baka attire la malchance pendant la cueillette ou la chasse. Il est interdit à la future mère maya du Guatemala de s'approcher d'un arbre fruitier, ce qui empêcherait son mûrissement. L'accès à un champ fraîchement ensemencé ne lui est pas autorisé, sinon la récolte serait maigre. Chez les Tanalas de Madagascar, la femme enceinte ne choisit pas les graines pour le semis pour ne pas gâter la collecte. Elle ne s'occupe pas non plus de la couvaison des œufs. Car si elle avorte, les œufs avorteraient également. Les Tucanos d'Amazonie piègent les poissons dans une sorte d'enclos. La femme enceinte ne devra pas manger de poisson provenant de cet endroit, sinon on est persuadé que l'esprit du fœtus criera et fera du bruit près du piège pendant la nuit, et les poissons disparaîtront, source de subsistance importante pour cette ethnie. Chez les Puyumas de Taïwan, il est interdit aux hommes célibataires ainsi qu'aux futurs pères d'entrer dans la maison d'une femme enceinte, au risque d'être blessés à la chasse. À Taïwan toujours, chez les Yamis, la femme enceinte devra rester dans son village et surtout éviter à tout prix de s'approcher de la mer. Se baigner ou même déambuler sur le port à marée basse est un interdit à respecter car sa transgression implique de graves conséquences pour la société. Un mythe originaire de cette région reprend d'ailleurs cette transgression qui serait à l'origine du Déluge.

CHAPITRE VIII

Se protéger contre les maléfices

La future mère est la proie favorite des sorciers, esprits et autres êtres malfaisants, qu'ils soient humains ou surnaturels. Une kyrielle de talismans et d'amulettes est utilisée dans de nombreuses parties du monde, et des rites spécifiques de protection sont pratiqués afin de protéger femme et enfant avant la naissance.

Les amulettes

En Afrique, les croyances liées à la valeur protectrice des amulettes sont très fortes, et on les retrouve dans presque toutes les régions. Dès qu'elle sait qu'elle est enceinte, la future maman se dépêche de se les procurer afin de s'assurer une gestation normale.

LES AMULETTES-ORNEMENTS

Chez les Agnis de Côte-d'Ivoire, la femme enceinte peut porter une oreille d'éléphant en guise de pendentif. Cet ornement agira contre les effets néfastes provoqués par la transgression d'un interdit alimentaire. Elle mettra également des bracelets protecteurs aux chevilles, aux poignets et aux genoux. Chez les

Ashantis du Ghana, c'est le mari qui offrira à sa femme enceinte des bijoux dorés ainsi qu'un vêtement blanc. Elle gardera également sur elle, pendant toute sa grossesse, une statuette en bois noir représentant un disque plat, qui fait office de visage, et dont le cou est orné de plusieurs cercles. Les femmes wéménous du Bénin porteront, quant à elles, une corde de grossesse et des bagues qu'elles auront baignées dans une décoction magique à base de feuilles et d'herbes aux vertus protectrices.

LES TALISMANS

Ces amulettes seront soigneusement préparées par un sorcier qui invoquera les puissances protectrices appropriées. Dans de nombreux pays musulmans, on fait appel à l'aide divine en inscrivant sur les talismans des passages du Coran, comme l'explique Maïmouna, Bambara du Sénégal : « Le marabout écrit quelques versets du Coran sur un papier très fin. On le porte ensuite chez le cordonnier pour qu'il l'insère dans une peau de mouton bien nettoyée. Lorsqu'il a fini de le coudre, on y attache un fil et on l'enroule autour de la taille, autour du bras, ou bien on l'attache avec une barrette dans les cheveux. On garde ce gri-gri tout le temps sur soi, même quand on reste à la maison. » Au Cambodge, on trouve aussi une amulette portant des formules et des diagrammes magiques. Ces inscriptions sont faites sur des plaques de plomb enroulées autour d'un fil de coton que la femme porte en ceinture. Elle les ôtera quelques minutes avant l'accouchement. Si une femme vietnamienne a déjà subi précédemment un avortement, elle pourra se protéger en portant une chemise rouge ou jaune couverte d'insignes magiques, ou encore des sachets ornés de signes cabalistiques autour du cou.

D'autres artifices protecteurs peuvent être utilisés dans le cas précis où une femme a eu auparavant des problèmes pour mener à bien ses grossesses. Pour les femmes stériles, par exemple, le sorcier tschokwé d'Angola fabriquera une figurine avec une chaîne pendue à son cou. Cette figurine symbolise l'enfant que la stérilité ou la sorcellerie empêche de naître. Pour lutter contre les avortements à répétition, le même sorcier peut créer un talisman en bois que la femme enceinte portera à la ceinture. Cette miniature représente un oiseau en vol. Cette ethnie, férue d'objets protecteurs, utilise également des amulettes que la femme enceinte porte contre ses seins afin de bien replacer l'enfant qui monte dans sa poitrine. Il est en effet admis que le fœtus se promène dans tout le corps de la mère, parfois plus haut que la normale…

LE MÉTAL PROTECTEUR

Le métal est un matériau utilisé dans de nombreux pays pour ses qualités protectrices. Ainsi les Indiennes cuchutanes, au Guatemala, portent-elles sur elles un objet métallique lorsqu'elles sont enceintes. Cette amulette préserverait l'enfant dans le ventre de sa mère en agissant comme paratonnerre contre les rayons malfaisants. On retrouve cette même coutume chez les Aztèques, avec des ciseaux ou un dé suspendus à la ceinture de la future mère. Chez les Éwés du Togo, n'importe quel objet métallique fera l'affaire, même une simple épingle accrochée au vêtement. La future maman se sent ainsi préservée des maléfices des sorciers qui peuvent se trouver dans les lieux publics.

Les rites de protection

Si les divers rites de protection sont assez complexes, il existe aussi des pratiques simples, comme celles en vigueur chez les Balubas, au Zaïre : les futurs parents se purifient à l'eau froide. La femme tshokwé sera, quant à elle, enduite d'une poudre rituelle élaborée avec du kaolin blanc. Si la femme enceinte a déjà connu plusieurs avortements, le sorcier lui prescrira un traitement rituel pour que la grossesse ne soit pas interrompue. La future mère ainsi traitée restera à l'abri dans un enclos construit par son époux tout autour de la maison. Elle n'en sortira qu'au moment où son tout-petit fera ses premiers pas. La future maman japonaise porte à partir du cinquième mois de grossesse une ceinture autour du ventre pour protéger l'enfant *in utero* et garder le ventre bien chaud. Le froid est le mal le plus redouté en Asie. Ce tissu est offert au cours du troisième mois par la mère ou la belle-mère de la jeune femme. Afin que la naissance se déroule sans problèmes, elles vont prier au temple bouddhiste de Kamakura, réputé pour apporter des maternités heureuses. Il est également coutumier d'offrir à la femme enceinte un petit chien en papier mâché, symbole dans ce pays d'un accouchement facile. En Afrique, pendant une grossesse, on s'efforce à bien entretenir les cultes.

Des offrandes sont régulièrement faites en vue de contenter les divinités liées à la fécondité. Par exemple, le père de la femme enceinte baoulé, en Côte-d'Ivoire, consulte les oracles au troisième mois de grossesse pour savoir si tout se déroulera bien, et il s'ensuit toujours un sacrifice. Si la femme attend un premier enfant, ce rituel sera répété trois ou quatre fois jusqu'à l'accouchement. En Inde du Sud, dans la région du Tamil Nadu, c'est entre le cinquième et le septième mois de grossesse que le rituel de protection de la femme enceinte a lieu. La future mère s'entoure alors chez elle de ses meilleures amies. Celles-ci lui mettront à ses poignets des rubans et des bracelets dont le nombre sera impair pour la main droite et pair pour la main gauche. Les bracelets sont en or, argent et verre. On dit que le son de ces bijoux qui s'entrechoquent amuse déjà l'enfant. Bien entendu, les familles moins riches utiliseront d'autres éléments pour créer ces bracelets, qui peuvent être confectionnés alors avec des feuilles. Il est à noter que, dès ce rituel appelé *valai kappu*, la femme enceinte portera un sari noir afin de s'enlaidir pour ne pas attirer l'attention des démons et éloigner le mauvais œil. Ce vêtement peut aussi être d'une autre couleur mais sera toujours cousu de noir. Dans tous les cas, la future maman le portera jusqu'au terme de sa grossesse. Il est amusant de constater que, dans la caste des brahmanes, dans l'ouest de l'Inde, le sari arboré par la future mère lors du rituel de protection, de couleur verte ou rouge, ne doit absolument pas comporter de marque noire. Le rite est aussi très différent et n'est en général pratiqué que pour une première grossesse, lors du cinquième mois. Il est nommé « l'attache du fil protecteur » et préserve la future mère du mauvais œil et de la maladie. Cette fois-ci, ce ne sont plus les amies mais les femmes de la famille proche des futurs parents qui sont invitées à venir participer à cette cérémonie dont la date est fixée par un astrologue. Le rouge étant en Inde une couleur bénéfique, un carré de cette teinte est alors dessiné sur le sol, et la future maman s'y installe au centre, assise sur un petit tabouret. La sœur du futur père recouvre alors le front de la femme enceinte de riz, tandis que toutes les femmes assises autour chantent. La même tante passe alors autour du poignet droit de la femme ce qui sera son objet protecteur : un anneau orné de clochettes ou un petit sac fait d'étoffe bleu indigo. Ce paquet contient un anneau de fer, un cauri, de la poussière ramassée à un carrefour et sur la statue d'Hanumân, le dieu singe vainqueur des mauvais esprits.

Un autre rite de protection très ancien, puisque c'est un rite védique, reste célébré chez les deux-fois-nés hindous (caste supérieure) : le partage des cheveux. La cérémonie a lieu cette fois-ci au septième ou au huitième mois de grossesse, aux jour, heure et endroit choisis par un astrologue. Pendant les sept premiers mois de grossesse, la femme enceinte ne lâche pas sa chevelure et ne la huile pas non plus, par crainte d'éveiller les esprits malins. La cérémonie du septième mois marque la fin de cet interdit. En prenant son bain à l'heure dictée par l'astrologue, la jeune femme se lave donc les cheveux avec du lait, de la mélasse et du safran. Elle enfile ensuite un nouveau sari rouge offert par sa mère et part pour la maison de sa belle-mère, accompagnée du groupe de femmes qui l'ont assistée lors de son bain. Pendant ce trajet, la future mère ne doit marcher que sur un tissu de couleur rouge ou blanche afin que ses pieds ne touchent pas le sol. La crainte du mauvais œil est grande à ce moment. La future mère porte au doigt un anneau de fer, et une noix de coco dans un coin de son sari. Elle est fermement entourée par ses plus fidèles amies qui la protègent physiquement contre toute intrusion dans le cercle. En effet, la peur est grande de laisser passer une femme stérile qui pourrait lui couper un morceau de sari, ce qui provoquerait une fausse couche. Arrivée à bon port, la sœur ou la belle-sœur de la future mère peigne toute sa chevelure qui sera ensuite huilée.

À Madagascar, les femmes tanalas, enceintes de six mois, doivent se conformer à un rite qui leur permettra d'être lavées de toutes les fautes qu'elles auraient commises jusqu'alors. C'est l'homme le plus âgé de la famille qui officie en prenant de l'eau dans sa bouche et en la recrachant sur la jeune femme. Ce faisant, il se purifie et purifie la future mère qui demande le pardon pour tous ses péchés ainsi que les querelles familiales subsistantes. Après ce rituel, le danger pesant sur la future mère est levé et la jeune femme ne court plus aucun risque éventuel, ni pour elle, ni pour son bébé. En revanche, elle restera prudente et humble car la levée du danger n'agit pas sur les fautes ultérieures que la femme peut commettre jusqu'au jour de l'accouchement.

Chez les Yamis de Taïwan, la sage-femme joue un rôle prépondérant dans tous les rites de protection. Cette sage-femme, choisie par la mère au quatrième mois de grossesse, fait partie du lignage du futur papa. Elle vient chaque soir masser le visage et le corps de la future mère avec de la graisse de porc tout en lui faisant craquer les jointures des doigts, endroits par lesquels les maladies contagieuses peuvent être chassées. Elle lui noue autour de la taille une ceinture de protection qui sera maintenue en place du quatrième mois de grossesse jusqu'au jour de l'imposition du nom de l'enfant. Cette ceinture, dont les extrémités en fibres végétales sont tressées par le père, symbolise le lien qui va désormais unir la mère et l'enfant pour la vie. On espère, grâce à cette protection, renforcer ce lien, comme le fait le cordon ombilical. Il existe en Afrique une corde protectrice dont chaque élément a été extrait de la future mère. Cette cordelette est celle que l'on accroche à la ceinture des femmes enceintes evuzoks, ethnie bantoue vivant au Cameroun. Elle contient, outre les plantes aux vertus protectrices, les ongles de la future mère, une touffe de ses cheveux, des poils de ses aisselles, de son pubis et un peu de sueur prélevée sur son bras. Il est ainsi démontré que la magie de la protection de l'enfant s'opère uniquement grâce à sa mère.

CHAPITRE IX

Les règles de comportement de la future mère

Dans chaque partie du monde, les hommes craignent qu'un danger survienne lors de la grossesse, mettant en péril la future mère ou l'enfant. Comme lors de tous les processus incontrôlables de la vie, ils se sont employés à instaurer des interdits et des règles de comportement dans le but de tenter de maîtriser et de conjurer les menaces qui pèsent sur le moment le plus important de la vie. Chaque pays a ses règles de comportement que la femme enceinte doit suivre, bien sûr, à la lettre.

L'état émotionnel

ÊTRE HEUREUSE

En Inde, on est convaincu de l'influence majeure exercée par la mère durant les neuf mois de grossesse sur l'état spirituel de l'enfant qui grandit dans son ventre. Le petit être sera modelé par les pensées mêmes de sa génitrice, son état affectif et psychologique. La future maman devra donc éviter tout événement qui pourrait nuire à sa recherche de paix intérieure. « Il faut tout faire pour être heureuse, témoigne Emalda, une Sri Lankaise. Si on est heureuse, le bébé le sera aussi. Tout ce qui fait de la peine doit être occulté. » En milieu populaire égyptien, on pense aussi que les émotions de la femme enceinte influent sur l'enfant qu'elle porte. Il est admis dans cette région du monde que si la mère est triste l'enfant l'est aussi, car il se nourrit de la détresse qui coule vers lui à travers le sang maternel. Les conséquences risquent d'être graves : le bébé pouvant mourir dans le ventre maternel. Une préparation psychique est adoptée dans certains pays, comme en Amazonie ou au Gabon, pour respecter l'enfant *in utero*. Ainsi, il y a encore peu, les parents ne devaient prononcer aucune parole vulgaire ni désagréable afin qu'aucune mauvaise pensée ne pénètre le ventre de la future mère.

SE TOURNER VERS LA BEAUTÉ

Dans divers pays, ce que voit la future maman peut affecter la beauté de l'enfant à naître. Ainsi, en Centre Thaïlande, évite-t-elle de regarder des choses laides pour en préférer de belles. « C'est aussi vrai au Sri Lanka, ajoute Emalda, une femme enceinte ne doit pas regarder les informations à la télévision par exemple, car il y a souvent des images de guerre qui rendent triste. Ce n'est pas bon pour l'enfant. » La future mère sawa du Cameroun fera même tout pour côtoyer des personnes dont on vante la beauté ou la grâce. L'enfant turc, quant à lui, est censé ressembler à la personne que sa mère aura le plus regardée durant sa grossesse. À Madagascar, les Tanalas sont persuadés que la femme enceinte ne doit toucher ou poser ses yeux que sur des choses belles, capables de lui apporter une protection. De même, elle doit rechercher la compagnie des personnes de sa famille dont le statut est supérieur au sien. En terre africaine, la femme enceinte s'efforcera de ne pas poser le regard sur un être difforme pour que son petit ne soit pas atteint du même défaut. Au Cambodge, il est impératif qu'elle regarde l'éclipse lunaire sous peine d'engendrer un enfant handicapé mentalement ou physiquement. Si elle est endormie pendant l'éclipse, ses voisins ou ses proches viendront la réveiller pour qu'elle ne soit pas dominée par Rahu, le démon de l'éclipse, celui qui avale la lune. Elle devra également mettre dans la poche de sa jupe un petit récipient représentant l'enfant qu'elle porte. Ainsi le bébé participera-t-il aussi symboliquement à cette chasse au démon.

La femme tanala de Madagascar ne regardera pas de hérisson, animal ayant la particularité de renifler, son bébé pouvant contracter cette fâcheuse habitude. Si par malheur elle en croise un sur la route, elle tentera de protéger l'enfant en crachant sur son propre ventre. Un rapport de cause à effet peut s'effectuer par analogie : la future mère qui regarde un lapin ou un lièvre aura un enfant pourvu d'un bec-de-lièvre. Elle aura un bébé velu si elle regarde un animal à fourrure (ours, sanglier, etc.). Le bébé de la femme puyuma, à Taïwan, ressemblera à un singe si elle regarde cet animal pendant sa grossesse. « C'est une coutume respectée dans les îles du Cap-Vert, raconte Dominga, mais on dit également que si on regarde trop un papagayo, l'enfant fera comme cet oiseau : il parlera sans cesse. » Une future maman boïn, au Sénégal, fera attention de ne pas croiser un caméléon. Cet animal, à la place d'honneur lors des initiations des garçons, est toujours néfaste aux femmes, car il se transforme comme par magie. Si par mégarde elle en voit passer un, elle devra immédiatement conjurer le sort en se lavant de la tête aux pieds, insistant sur le ventre, là où le petit repose. Les conséquences se portent en effet sur la santé du nouveau-né qui maigrira beaucoup. Si malgré tout l'enfant est affecté, on plongera un caméléon dans de l'eau que l'on fera boire ensuite au bébé.

LES RECOMMANDATIONS D'ORDRE MORAL

Le sort de l'enfant wolof, au Sénégal, dépend beaucoup de la vertu de la mère qui le porte : si elle reste fidèle à son mari et le sert bien, son enfant réussira dans la vie, sinon il sera poursuivi par la malchance. Au centre de la Thaïlande, on demande également aux femmes de rester vertueuses et tendres, car tous leurs actes et pensées vont agir sur l'enfant qu'elles portent.

La femme enceinte togolaise ne doit ni mendier ni voler, sinon son bébé fera de même. Le même interdit se retrouve en Turquie : si une future maman commet un larcin, l'enfant viendra au monde, alors, avec une marque sur la peau. Cette tache sera inscrite chez l'enfant à l'endroit même où sa mère se sera touchée juste après le vol. Aussi les femmes turques ayant commis un petit larcin se posent-elles, tout de suite après, les mains sur les fesses, afin que la marque soit cachée par les vêtements de l'enfant. En revanche, on ne se privera pas de voler du raisin noir ou du poivre noir afin de produire sur la peau de bébé les grains de beauté très appréciés dans ce pays.

RESTER ACTIVE

Si, dans nos contrées, une grossesse favorable doit se dérouler dans le calme, la détente, et en évitant tout effort, il n'en est pas de même dans d'autres régions du monde. La femme bariba, au Bénin, devra travailler le plus dur possible jusqu'au jour de l'accouchement. Si elle ne s'active pas assez, son sang deviendra épais et circulera lentement, ce qui empêchera le travail de se faire aisément. Il en va de même au Togo : la future maman éwé n'arrivera pas à accoucher si elle reste inoccupée pendant ses neuf mois de grossesse. Un travail quotidien, même épuisant, est jugé nécessaire pour obtenir, le jour de l'accouchement, un corps musclé et énergique. En revanche, dans la même région, les futures mamans adjas n'entreprendront aucune lessive durant leur grossesse. Au Vietnam, l'oisiveté est source de maux pour les femmes enceintes, dont les principaux sont : œdèmes, varices, accouchement prématuré. Jusqu'à la délivrance, elles doivent fournir régulièrement un effort musculaire. On les met en garde de ne pas rester assises ou couchées trop longtemps, par crainte que le fœtus ne grossisse trop. *A contrario*, la future maman qui marche et bouge beaucoup engendrera sans effort un enfant agile. Pourtant, certains mouvements sont à bannir pour les futures mamans vietnamiennes : lever les bras au-dessus de la tête, ou même s'étirer, donnerait un enfant prématuré. Au Cambodge, la future maman qui pile du riz ne doit pas le faire trop fort, par crainte de secouer la tête du bébé qu'elle porte. « Chez nous, on ne prend pas de bain de mer quand on est enceinte, indique Patricia, une Guadeloupéenne. Les gens disent : "Tu es folle, tu vas perdre ton bébé." Je pense que c'est à cause des vagues qui sont très puissantes sur notre île. »

Éviter tout contact avec la mort

La simple annonce d'un avortement peut nuire terriblement à la future maman togolaise. Afin de conjurer le sort, la personne qui a annoncé la nouvelle doit cracher trois fois par terre. Au Cambodge, on évite même de donner des nouvelles sur la santé d'une femme qui vient d'accoucher à une femme enceinte. Le danger est encore plus grand si un accident est intervenu lors de la naissance. Dans ce même pays, une future maman évitera de rencontrer une personne malade et ne participera jamais à des funérailles.

Cette crainte de la mort qui pourrait être attirée par une femme qui va donner vie est commune à un grand nombre des régions étudiées. Ainsi la femme tanala, à Madagascar, ne pénétrera pas dans la maison d'un mort et n'approchera d'aucun tombeau durant toute sa grossesse. La croyance populaire de cette région veut que la mort apporte la stérilité. Aussi, seules les femmes âgées, donc ménopausées, sont autorisées à participer aux veillées funéraires. Une personne ayant eu un quelconque contact avec la mort et venant rendre visite à une femme enceinte doit impérativement observer un rite primordial afin d'écarter tout danger : elle doit enjamber un feu disposé devant le seuil de la maison de la future mère, car ce feu purifiera et conjurera le sort. En Inde comme en Afrique, tout ce qui suggère l'idée de la mort doit être évité à la future maman. Pour tous les pays, les conséquences sont analogues : si elle voit un cadavre, elle ou son enfant risqueront d'être à leur tour emportés par le mort. Cet interdit touche aussi les cadavres d'animaux. La future mère ne devra ni toucher ni voir une bête morte. Même chose pour le sang d'un animal blessé. En Corée, elle n'aura pas le droit non plus de tuer un animal. Au Mali, elle devra même éviter jusqu'aux traces laissées par la bête morte sur le sol.

Les gestes à éviter

ENJAMBER

Dans de nombreuses parties du monde, nous retrouvons une interdiction d'enjamber tout ce qui peut rappeler, de près ou de loin, le cordon ombilical. Ainsi, la future maman coréenne ne passera pas au-dessus d'une corde. À Madagascar, la femme tanala n'enjambera pas les plantations de courges, dont les tiges traînantes sont évocatrices. La femme puyuma de Taïwan évitera également les cordes ou bambous. La femme sawa, au Cameroun, ne passera pas au-dessus d'une liane ou d'un tronc d'arbre. Si tous ces interdits étaient transgressés, le cordon ombilical de l'enfant serait soit noué, soit enroulé autour de son cou. Dans plusieurs pays africains, les femmes pensent également qu'aucune personne ne doit passer au-dessus des jambes étalées d'une femme enceinte. « C'est une coutume qui doit être respectée, soutient Siaka, une Wéménou du Bénin. En passant par-dessus les jambes, la personne envoie ses mauvaises ondes à la femme enceinte et au bébé. Et il en résulte souvent que l'enfant arrive par les pieds à la naissance. Si par mégarde quelqu'un enjambe une femme enceinte, on le fait toujours revenir en arrière pour qu'il repasse après, en contournant les jambes de la future mère. »

ENROULER

Au Vietnam, la future maman ne portera ni collier de perles ni bracelet d'argent pour que son bébé ne s'étrangle pas avec son cordon ombilical. En France, il y a encore quelques décennies, le geste d'enrouler ou de dérouler un fil ou un collier faisait peur. Toujours pour les mêmes raisons, la future maman agni (Côte-d'Ivoire) ne fera pas le geste de nouer son pagne autour de son cou, comme le font nombre de ses consœurs africaines. Il serait aussi dangereux de ficeler un paquet. Quant à la femme tamoule en Inde, on pense que si elle se tourne et se retourne dans son lit la nuit, le cordon de son enfant pourrait suivre les mêmes évolutions.

FERMER

On évitera également, un peu partout dans le monde, tout ce qui évoque une fermeture, qui correspondrait à obstruer la sortie de l'enfant. Beaucoup d'interdits sont liés aux passages, aux portes, que l'on peut symboliquement associer au col de l'utérus. À Taïwan, par exemple, la femme puyuma ne devra pas construire de clôture afin de ne pas garder prisonnier son enfant dans son ventre. Elle ne s'appuiera pas non plus contre l'encadrement d'une porte, sinon l'enfant ne saura pas s'il doit sortir ou non. Si par malheur cela arrive, elle devra effacer la faute en essuyant la porte par trois fois. Au Cambodge, la femme enceinte évitera de coudre entièrement un oreiller. Elle ne devra pas le fermer complètement et laissera une ouverture. À l'inverse, si deux femmes enceintes watchis (au Togo) se promènent ensemble, chacune fera un nœud à son pagne, symbole de la matrice que l'on ferme afin de ne pas avoir de fausse couche. Chacune craint d'attraper quelque maladie de l'autre comme si la similitude de leur état induisait une contagion magique.

S'ASSEOIR

La future mère doit veiller à la façon dont elle se tient. En Amazonie, si la femme tucano s'assoit pour manger, elle accouchera difficilement. Pour la même raison, elle ne devra pas non plus s'asseoir sur un hamac en laissant ses jambes ballantes. La femme nzebi, au Gabon, ne croise pas les jambes et ne s'assoit pas jambes fléchies, sous peine de difficultés à l'accouchement. En Côte-d'Ivoire, les Baoulés sont persuadés qu'une future maman doit à tout prix éviter de rester longtemps en position assise. Cette attitude comprime l'enfant dans le ventre, et le liquide amniotique peut pénétrer dans ses narines ; au moment de l'accouchement, le bébé mourrait étouffé par ce trop-plein de liquide. Notons enfin un autre interdit javanais : une femme enceinte ne doit pas s'asseoir devant une porte ouverte afin d'éviter d'avoir un enfant qui fera beaucoup de bruit…

CHAPITRE X

Les envies des femmes enceintes

Il est une croyance qui se retrouve dans tous les pays du monde et qui est toujours vivace dans les pays industrialisés : la femme enceinte doit bien manger et on doit tout faire pour assouvir ses désirs alimentaires. « Mange pour deux » est un conseil que les grands-mères donnent encore à leur petite-fille enceinte, et nombreux sont les futurs papas qui recherchent en plein hiver les fameuses fraises réclamées par leur compagne. Si ce geste est accompli avec beaucoup de tendresse, en revanche on ne croit plus, comme c'était le cas encore il y a quelques dizaines d'années, qu'une marque rouge surviendrait sur la peau du bébé si ce désir de fraises n'était pas assouvi. Cette conviction perdure dans bien d'autres pays.

Les conséquences des envies inassouvies

En Turquie, c'est un devoir d'offrir à la future mère le légume, le fruit ou une part du mets dont elle a envie. Ainsi lui propose-t-on toujours de goûter au plat préparé lorsqu'elle pénètre dans une maison. Si son regard croise une datte, une orange, etc., on s'empressera de la lui donner pour qu'elle la mange plus tard. Si l'envie n'est pas satisfaite, l'hôte sera responsable de la marque que l'enfant portera. « Cette coutume est vivace en Afrique du Nord, témoigne Soraya, une Algérienne. Si une femme enceinte vient chez vous alors que vous préparez un plat, ou si vous lui parlez d'un mets ou d'une pâtisserie que vous avez mangé, il faut tout de suite le lui présenter pour qu'elle le goûte. » En milieu populaire égyptien, on pense que la marque faite sur l'enfant ressemblera à l'aliment désiré. En outre, elle sera située sur la peau de l'enfant, à l'endroit même où sa mère se sera touchée lors de la convoitise. Au Sénégal, deux denrées particulières ne seront jamais refusées à une future maman : le lait et la viande, indispensables pour faire croître le fœtus. Elle a, en outre, le droit de cuisiner quand bon lui semble tout au long de la journée. À Wargla, dans le Sahara algérien, toutes les femmes du clan de la jeune femme viennent tour à tour lui offrir une galette et du foie jusqu'au jour de l'accouchement.

En fait, il semble que, dans de nombreux pays, c'est tout l'entourage de la future mère, voire le village entier, qui participe à la bonne évolution de chaque grossesse. La femme qui attend un enfant ne doit pas avoir faim et ne doit se voir refuser aucun aliment. Toute la communauté s'unit pour que cette coutume soit respectée. L'enjeu est parfois lourd de conséquences : dans les Andes péruviennes, on pense qu'une envie non assouvie peut mener à l'avortement. Chez les Yamis de Taïwan, lorsqu'une femme est enceinte, elle porte le surnom de « celle qui choisit sa nourriture », et tous les aliments qu'elle désire doivent lui être donnés : ils sont alors considérés comme favorables pour sa grossesse et l'évolution du bébé. Une coutume malgache veut que l'enfant à venir ressemble à la personne qui aura le plus satisfait aux envies de la mère pendant les neuf mois de grossesse. Par exemple, les Zafimanirys ont un rite appelé celui de « la nourriture donnée ». Cette population croit en effet que le futur bébé est réceptif à tout l'environnement maternel et qu'il est touché par tout ce que la mère fait, voit ou ressent. Aussi croit-on que le petit ressemblera à la personne qui donne régulièrement à manger à la future mère. La coutume de « la nourriture donnée » consiste donc pour un homme (le père le plus souvent) à offrir à la femme enceinte un poulet cuit entier. L'intention de ce don est d'une part de nourrir le fœtus, et, d'autre part, de faire en sorte que cet enfant ressemble tant physiquement que psychiquement au donateur.

POUR ÉVITER LES MAUX D'ESTOMAC

Si, en Thaïlande, on pense que les brûlures d'estomac et les vomissements sont provoqués par le vent qui peut facilement entrer par la peau de l'estomac de la future mère, les Tanalas de Madagascar, quant à eux, font le lien entre les nausées des premiers mois de grossesse et les aliments convoités. Pour soigner ces indispositions, tout sera fait pour que la jeune femme puisse savourer à loisir la nourriture dont elle a envie. Un rituel spécifique est même pratiqué lors d'une première grossesse lorsqu'on juge la jeune femme trop nerveuse ou trop triste. L'animal sacrifié pour cette coutume appelée « choix des mets » sera choisi par la future mère. Il s'agit, en général, de poulet ou de bœuf. Lors de la fête, elle sera la première à déguster les morceaux grillés de foie, cœur et intestins de l'animal. C'est son père ou son oncle maternel qui lui offrira les trois premières cuillerées, donnant ainsi officiellement à la jeune femme son véritable statut de mère. Les nombreux invités présents se partageront le reste de la viande que l'on aura préalablement bouillie. On pense, par ce rituel, que la vie de la jeune femme sera préservée et qu'elle accouchera d'un bel enfant sain. Il est à noter une pratique particulière chez les Nzebis du Gabon : c'est la future mère qui établit, à travers les goûts du petit qu'elle porte, la liste des aliments qu'elle doit supprimer lors de ses repas. En effet, dès que la femme enceinte vomit, c'est que l'enfant ne désire pas l'aliment ingéré. Elle supprimera donc chaque nourriture qui a déplu à son bébé.

Une croyance populaire chinoise veut que le poulet, dégusté à n'importe quelle sauce, est excellent et donne beaucoup de force durant la grossesse. Il est d'ailleurs préconisé d'en consommer tous les jours.

LES METS ÉPICÉS

On conseillera toujours à la future mère malgache de manger des plats chauds et épicés afin de réchauffer son ventre et préserver la vie de son enfant. En effet, dans cette région, le chaud est lié à la vie et le froid à la mort. Les futures mères javanaises, de leur côté, semblent aussi attirées par les mets épicés, plus par goût que par nécessité. Lors du septième mois de grossesse, parents et amis sont réunis pour un déjeuner rituel, et on n'oubliera pas de faire goûter à tous une sauce très épicée, appelée *rudjak*. En revanche, si les accoucheuses traditionnelles du Kenya prescrivent du piment aux femmes enceintes, surtout lors du dernier trimestre de grossesse, c'est dans le but d'éviter qu'elles donnent naissance à un trop gros bébé. Elles pensent en effet que le fœtus mange directement les aliments qu'ingurgite sa mère. Si la nourriture est trop épicée, il n'en mangera pas et grossira donc moins.

LES ENVIES PARTICULIÈRES

Parmi les envies étranges de certaines futures mères, il est une pratique étonnante que l'on trouve dans diverses parties de monde : la géophagie. Ainsi les Jivaros, en Amérique du Sud, ne sont nullement étonnés de voir une femme enceinte déguster de la terre extraite d'une fourmilière ou grignoter de l'argile avant la cuisson des poteries. Manger de la terre est même recommandé à la future mère dogon (au Mali) si elle veut que son enfant n'ait pas peur, plus tard, d'affronter la mort. On retrouve également cette particularité au Cambodge avec quelques gâteries supplémentaires : en plus de la terre issue de fourmilière ou des morceaux de poterie, la future mère se délecte de mégots, d'écorce et d'épines d'arbre, à la seule différence que dans cette région celle-ci brûle un peu l'objet de sa convoitise avant de le manger. On n'empêche jamais une future maman de manger ce genre de « mets », de peur de provoquer un choc émotionnel. On ne la tient d'ailleurs pas vraiment responsable de ses choix qui seraient plutôt dictés par l'enfant qu'elle attend. On pense en effet que si l'enfant était auparavant un être infernal, la mère qui le porte aura des envies de terre brûlée, contrairement à l'enfant qui était dans un monde supérieur dont la mère mangera alors des aliments sucrés. À propos de vie antérieure, rappelons la théorie bouddhique selon laquelle la bonne conduite d'une femme dans une vie antérieure se reconnaît au fait qu'elle n'aura ni nausée ni désir particulier lorsqu'elle sera enceinte. D'autre part, on croit que ses désirs viennent de l'enfant qu'elle porte en son sein et que sa vie en dépend. Pour un bon accouchement et donc sauver la vie de l'enfant, il est recommandé de satisfaire toutes ses envies.

CHAPITRE XI

Interdits alimentaires pour une bonne grossesse et un bon accouchement

Dans ce chapitre, nous n'aborderons pas les avis médicaux prônés par les scientifiques concernant l'équilibre alimentaire des futures mamans. Nous évoquerons plutôt les interdits qui frappent certaines nourritures dans le monde et les conseils donnés aux futures mères par leurs aînées concernant leur alimentation, dans le but de mener leur grossesse à terme et d'éviter tout problème au moment de l'accouchement. La façon de manger, celle de boire ou de cuisiner ont aussi leur importance : la femme dogon du Mali ne peut, par exemple, boire au goulot car, pendant ce temps, son enfant ne peut plus respirer. De son côté, la future maman puyuma, dans l'île de Taïwan, n'avalera de liquide que par petites gorgées si elle ne veut pas que son bébé vomisse à la naissance. Au Togo, la future mère éwé prendra garde de ne pas se pencher trop en avant pendant ses repas, de peur que la sauce ne sorte des narines de son tout-petit. La femme bantou du Zaïre peut, quant à elle, être tenue à l'écart lors des repas si elle a perdu des enfants auparavant. Ce « tabou du feu » lui interdit aussi de faire cuire ses aliments sur le même feu que le reste de la maisonnée. Pour la future mère dogon, le neuvième mois de grossesse marque l'interdiction de préparer les repas à son mari.

Afin d'aider la nature, les recommandations quant à l'alimentation sont multiples et divergent d'une société à l'autre. La femme enceinte devra les suivre à la lettre, sinon toute fausse couche ou problème intervenant lors de l'accouchement pourra lui être imputé. Les interdits portent sur les aliments eux-mêmes, mais il arrive que leur quantité soit en jeu, comme l'atteste le récit de Awa, Malinké du Mali. « Chez nous, lorsqu'on est enceinte, on ne doit rien manger du tout au dîner, sinon le bébé sera trop gros et il aura du mal à sortir. Pour qu'il ne prenne pas trop de poids, on jeûne chaque soir tout en avalant une décoction de *kékéliba*, une plante séchée qui est réputée pour faciliter l'accouchement. »

Les aliments évoquant la procréation humaine

Sur plusieurs continents, un aliment est souvent interdit aux femmes enceintes : l'œuf. Cet aliment, de par sa forme, sa nature et son évolution, n'évoque que trop la procréation humaine. On le rejette donc, comme si cette coquille contenant aussi une transformation pouvait nuire à celle qui est en cours dans le ventre de la future mère. Pour les Indiens txikaos du Brésil, si on ne veut pas tomber malade, on doit retirer tout œuf de l'alimentation, dès le moment où on est en âge de procréer. Chez les Tins Damas, en Nouvelle-Guinée, les œufs sont prohibés dès le début du mariage, sinon il arrivera malheur au futur enfant. En Côte-d'Ivoire, on pense que la future mère qui mange un œuf n'arrivera pas à trouver un lieu tranquille pour accoucher. Dans d'autres endroits d'Afrique, la transgression de cet interdit mène à l'avortement ou à une délivrance difficile du placenta. Dans le même ordre d'idée, la femme enceinte togolaise n'ingurgitera pas la chair d'un animal portant dans son ventre un petit.

Les aliments entravant la descente de l'enfant

Tout ce qui est accroché, noué, imbriqué doit être absolument évité car cela évoque l'enfant maintenu au cordon ombilical de sa mère. La femme baka du Cameroun, si elle est enceinte, ne mangera pas d'igname si la plante grimpante est entourée d'une racine d'arbre, de peur qu'un problème n'empêche l'arrivée du bébé. Elle ne devra pas manger non plus la chair d'un animal accroché dans un arbre. Le gibier retenu dans les branches d'un arbre se révélera aussi dangereux quand la femme wayana de Guyane enfantera. Interdits également les fruits qui s'ouvrent et se ferment, comme la papaye. Cette gourmandise, très prisée en Côte-d'Ivoire, sera repoussée par la femme baoulé : ce fruit a la propriété de fermer le sexe de la femme, empêchant l'enfant de sortir. Yeyentha, future maman sri lankaise, n'a pas le droit non plus à la papaye mais pour d'autres raisons : « Si on mange ce fruit, on risque d'avoir des écoulements de sang plus importants juste après l'accouchement. On l'évite aussi lors des menstrues. »

Les futures mamans se détourneront également des mets à l'aspect trop « pâteux », trop « collants ». La femme tanala à Madagascar ne goûtera pas au plat traditionnel fait de riz et de feuilles de manioc. L'accouchement serait aussi difficile que ce mets est dur à avaler lorsqu'il est servi tiède ou froid. Si le riz n'a pas assez cuit, elle évitera également d'en boire le jus, de crainte que son enfant ne meure à la naissance. Au Cambodge, si l'on apprécie beaucoup les fleurs de bananier, on juge en revanche leur sève trop collante. La femme enceinte évitera donc de manger les soupes qui en contiennent si elle ne veut pas souffrir pendant le déroulement du travail. Et c'est la soupe elle-même, quelle qu'elle soit, que la sage-femme traditionnelle égyptienne déconseillera à ses patientes durant les deux derniers mois de grossesse, afin que l'enfant ne descende pas trop tôt.

CHAPITRE XII

Conseils alimentaires pour avoir un beau bébé

Les interdits alimentaires qui suivent auront un seul et unique but : obtenir à la naissance un enfant en bonne santé, intelligent et correspondant aux normes de beauté. Tous les pays rivalisent d'imagination à propos des aliments recommandés à la femme enceinte afin qu'ils donnent à son enfant les chances d'être parmi les plus beaux et les plus intelligents. Il y a toujours une corrélation directe avec l'aspect d'un animal ou d'une plante et le résultat sur le nouveau-né.

Les fruits et légumes

LA PEAU DE L'ENFANT

En Chine, pays où l'on boit habituellement beaucoup de thé, la future mère s'en abstiendra si elle veut une peau plus blanche pour son bébé. Selon la croyance populaire, cette infusion aurait tendance à teinter la peau en formation. Il faut donc s'abstenir d'en boire dans les premiers mois de grossesse. En Turquie, une peau bien blanche peut être obtenue en consommant de la crème fraîche ou en buvant beaucoup de lait. L'analogie est ici assez évidente, mais on pense aussi obtenir pareil résultat en mangeant beaucoup de sucreries, cette dernière croyance populaire devant certainement remporter tous les suffrages… Il est à noter une recommandation originale en vigueur chez les Evuzoks du Cameroun : on pense que manger du kaolin non seulement facilitera l'accouchement mais, en se déposant sur l'enfant, fera pour sa peau un masque de beauté.

Au Soudan, le sel traditionnel sera évité à tout prix chez les Zandés. Ce sel, teinté de grains noirs, donnerait au bébé des points noirs sur la peau. En Turquie, le même effet serait causé par le poivre noir. Le raisin noir, lui, donne des grains de beauté très appréciés, et, de plus, de beaux yeux noirs. Dans ce même pays, on évite les taches rouges sur la peau de bébé en prohibant prunes, mûres ou sirop de pétales de roses rouges. En revanche, on recommandera de croquer dans une belle pomme rouge pour que l'enfant ait des joues de cette couleur. Mieux que la pomme, la grenade, dont tous les grains, sans exception, seront avalés, aura en plus une incidence sur l'intelligence du bébé. En forêt amazonienne, les Indiens txikaos ne donnent pas aux femmes enceintes de légumes de couleur rouge pour que la peau de l'enfant ne rougisse pas. Le chili est écarté, car il brûlerait la peau du bébé.

LES MALADIES DE LA PEAU

La peau rugueuse de l'avocat incite les Nzebis du Gabon à penser que ce fruit donnerait la gale à l'enfant. Les Dogons, au Mali, redoutent tout autant ce fruit que l'ananas qui couvrirait l'enfant de plaies. « Au Sénégal, on dit que la future maman ne doit pas manger du fruit du baobab, qu'on appelle pain de singe, sinon l'enfant aura des boutons », raconte

Maïmouna. D'autres effets désastreux peuvent être provoqués par des aliments de consistance pâteuse (pâte de maïs, banane) qui auraient aussi la particularité de rendre l'enfant sale à la naissance. La future mère yami, de Taïwan, évitera de manger de l'algue brune, pour que son petit n'ait pas le corps couvert de boutons semblables aux petits renflements que présente cette plante.

LES YEUX

Le piment est redouté dans de nombreux pays car il affecterait les yeux de l'enfant. À Taïwan, manger du piment donne du pus dans les yeux du nouveau-né. Au Gabon, il lui déformerait les yeux. Enfin, en Côte-d'Ivoire et dans le centre du Vietnam, il donnerait à la naissance un enfant qui pleurerait beaucoup. « En Kabylie, on dit surtout que le piment mangé par une femme enceinte va piquer les yeux de l'enfant et qu'il aura les yeux tout rouges quand il naîtra », avertit Aziza.

Les viandes et poissons

Le rapprochement que les populations font entre l'aspect physique d'un animal à déguster et le défaut qu'il pourrait entraîner chez l'enfant est souvent assez évident. Les défauts ou qualités de la bête seront alors transmis au petit être à venir.

TRANSMISSION DES DÉFAUTS PHYSIQUES

Au Soudan, comme dans beaucoup d'autre pays africains, on ne consommera pas de viande d'éléphant. Sa peau rugueuse et sa forme imposante en font l'un des animaux les plus rejetés, dans cette partie du monde. En Chine ou en Turquie, on ne consommera pas de lapin ni de lièvre, sinon l'enfant présenterait à la naissance un bec-de-lièvre. La future mère turque évitera également la viande de chameau, de peur que son petit ait l'une de ses lèvres relevée sur le côté. Dans ce pays, le poisson non plus ne rentrera pas dans le menu quotidien : l'enfant garderait en effet la bouche ouverte. Pour les Éwés du Togo, la salive de l'enfant serait gluante si la femme mangeait des escargots. Ces gastéropodes sont également réputés donner des enfants baveux au nord du Vietnam.

LA DÉMARCHE

En Corée, la future maman évitera de manger un canard pour que son petit ne marche pas comme lui. La femme éwé, au Togo, ne se risquera pas à goûter à la tortue : son enfant serait plus tard aussi lent que cet animal. À Taïwan, le calamar est prohibé au menu de la femme enceinte yami : l'enfant se déplacerait à reculons. Pas de crabe non plus dans de nombreux pays africains si on ne veut pas que son enfant marche de travers. Pour éviter une allure simiesque à l'enfant, on ne mangera pas non plus de singe.

LES DÉFAUTS DE COMPORTEMENT

Au Sénégal, on ne veut pas d'un bébé qui ronfle et renifle, aussi la femme ne mangera-t-elle pas de phacochère durant sa grossesse. La future maman baka, au Cameroun, ne touche pas à la viande d'antilope, sinon son enfant poussera les mêmes petits gémissements. Dans le nord-ouest du Brésil, les Indiens suraras et pakidais ne prendront pas de viande de perroquet, car l'enfant pleurerait sans cesse. En Côte-d'Ivoire, la future mère a le droit de consommer de gros oiseaux, mais pas de petits, sinon l'enfant tremblerait. Dans ce même pays, la mangouste et la biche royale donneraient un petit enfant sans force. Les Malgaches pensent qu'il vaut mieux que la future mère évite de manger de la viande de bœuf sans cornes pour ne pas engendrer un enfant impuissant. En effet, dans ce pays, les cornes de cet animal symbolisent la force et la virilité. En Turquie, la poule qui picore un peu partout n'est pas un mets à consommer pendant la grossesse : on engendrerait un enfant sale.

QUALITÉS RECHERCHÉES

Les qualités de la bête sont parfois prises en compte : en Afrique occidentale, la jeune femme bambara dînera de viscères de fauves pour produire un bébé courageux. En Centrafrique, la femme manja dégustera à son aise de grosses grenouilles durant la gestation, si elle veut un bel enfant potelé. Quant à la femme pygmée, elle se laissera tenter par la viande de singe, réputée pour rendre un enfant agile.

Les croyances alimentaires, on le voit, varient beaucoup, et leurs interprétations sont souvent opposées d'une ethnie à l'autre. C'est le cas, par exemple, pour la dégustation de la viande de singe.

CHAPITRE XIII

La participation du géniteur

Si la grossesse est un processus qui implique surtout la mère, il requiert, néanmoins, une participation plus ou moins grande du futur père. La majeure partie de son temps sera occupée par son travail quotidien, mais une contribution supplémentaire peut lui être demandée, d'ordre comportemental, sexuel ou alimentaire.

Les interdits alimentaires du géniteur

Les interdits qui frappent les futurs pères sont d'un nombre plus restreint que ceux qui sont commandés à la femme enceinte. Ils impliquent tout autant moralement le futur père qui devra suivre les règles imposées par la société, et permettent en outre de marquer l'enfant de l'empreinte de son père, dans des ethnies où la croyance populaire veut que les aliments ingérés soient transmissibles par le sperme qui nourrit l'enfant dans le ventre maternel (voir première partie « La conception »).

Lors d'une gestation, des interdits alimentaires sont imposés aux géniteurs dans plusieurs ethnies. En Océanie, les futurs pères tins damas, de Nouvelle-Guinée, ne devront consommer ni lézard, ni serpent, ni anguille, sous peine de voir périr femme et enfant. L'homme dogon, au Mali, ne mangera pas la chair d'un animal égorgé lors d'un sacrifice destiné à faire venir la pluie, de crainte que son enfant ne meure avant l'accouchement. Au Gabon, l'homme nzebi ne doit pas ingérer la chair de certains poissons, même si cet interdit ne semble pas toujours bien respecté à l'heure actuelle par la nouvelle génération. Il en va de même à Taïwan, chez les Yamis, qui n'observent pas toujours à la lettre les recommandations de leurs aînés. Aussi les individus des générations précédentes se lamentent-ils, pensant que la transgression des différents interdits alimentaires attire fatalement sur le pays de nouveaux fléaux : l'épidémie de choléra, ou bien la montée de l'alcoolisme et de la criminalité dans cette région, ces dernières années, serait le châtiment imposé par les divinités. Ce peuple reste convaincu que les aliments interdits donnés à l'enfant par ses géniteurs lui transmettent malformations et autres affections. Pour lutter contre toutes ces catastrophes, l'homme yami ne doit pas consommer, lors de la gestation de son enfant, le poisson-oiseau, afin que son bébé ne soit pas affublé d'un bec-de-lièvre, à l'image de ce poisson qui ne présente qu'une seule rangée de dents. Un autre poisson, la girelle, donnerait à l'enfant un teint très foncé, semblable à celui de l'animal. Mais la bête la plus redoutée par les hommes de ce pays, c'est sans aucun doute le chirurgien noir, considéré comme le poisson préféré des esprits et des morts. Si le futur papa mange la chair de ce poisson, son enfant présentera alors des troubles de la parole. Dans cette région, on pense en effet que les morts ont des problèmes d'élocution et qu'ils inversent ou répètent les syllabes.

Dans de nombreux pays, on notera que l'environnement proche, et parfois même le village entier, encourage l'homme et la femme à respecter tous les interdits alimentaires. En terre africaine, ceux-ci peuvent même être suivis par l'entourage du couple. Il en va parfois de la survie de la communauté, comme nous l'avons vu plus haut. En Malaisie, la sage-femme temiar va jusqu'à partager les interdits alimentaires des deux conjoints.

Le comportement du géniteur

Outre le respect des interdits alimentaires, on attend du futur père qu'il observe une série de règles et de comportements pour assurer la survie de sa femme et de son enfant, ce processus permettant à l'homme de participer activement à la gestation de son petit. La première règle qui prévaut dans tous les pays, c'est que l'homme doit protéger et bien traiter sa femme pendant toute sa grossesse. Cela peut même aller jusqu'à éviter à la femme enceinte d'être effrayée. Le futur père nzebi, au Gabon, essaiera, par exemple, de ne pas réveiller brutalement sa femme, sous peine que l'enfant ne change de sexe ou encore qu'il ne naisse avec des imperfections.

La deuxième règle est de respecter les interdits qui lui sont imposés. En Inde, les futurs pères brahmanes ne doivent pas traverser l'océan ou se rendre dans un pays étranger. Jusqu'à la naissance de leur petit, ils ne devront pas se raser complètement. Les interdits reposent le plus souvent sur les activités quotidiennes des hommes. Pas de tir à l'arc pour les Tins Damas de Nouvelle-Guinée. Ils ne doivent pas non plus se servir d'une hache, l'utilisation de ces armes ou de ces outils risquant symboliquement de tuer l'enfant dans le ventre maternel. Le futur père puyuma, à Taïwan, évitera quant à lui de tailler un bambou, sinon son bébé naîtrait avec un bec-de-lièvre. Lorsqu'il suivra les autres hommes à la chasse, il s'abstiendra également de piéger un animal, ce qui vaudrait au bébé d'avoir le nez de travers. Il ne tuera pas non plus d'animaux, de peur que l'enfant soit marqué d'une tache rouge sur le front. Ces tabous commencent dès le début de la grossesse et sont levés à la cicatrisation du nombril du nouveau-né. En cas de transgression, le nombril ne se refermerait jamais. Au Soudan, il est interdit au futur père de tuer une autruche ou de fracturer la patte d'une chèvre, d'un poulet, d'un chien ou même d'une vache. Son enfant aurait alors un pied ou une jambe malformé. Interdiction à l'homme dogon, au Mali, de tuer un crocodile s'il ne veut pas voir la peau de son enfant se recouvrir d'écailles. Il ne tuera pas non plus de serpent, sinon son enfant ne pourra jamais se tenir sur ses jambes et rampera comme l'animal. En Afrique centrale, certains Bantous ne prendront pas un animal qui se débat dans un piège, la règle générale dans toute l'Afrique restant de ne jamais tuer de femelle pleine. À Java, il est admis que, si le futur père tue ou blesse un animal pendant la grossesse de sa compagne, l'enfant sera marqué par cette blessure sur la partie du corps qui a été touchée. Si, par mégarde, l'homme vient à tuer une bête pendant cette période, il s'empressera de crier « Mille pardons mon enfant ! » afin de conjurer le sort. À Taïwan, si le mari puyuma ne doit pas tailler de bambou, comme nous l'avons vu plus haut, l'époux yami, quant à lui, aura le devoir de couper une racine de banian dans la forêt dès le quatrième mois de grossesse pour fabriquer un couteau qu'il remettra à son épouse. Cet instrument la protégera jusqu'à l'accouchement contre les esprits des morts. Pendant les neuf mois, il ne participera pas à certains rituels collectifs et ne devra pêcher qu'en solitaire. À partir du dernier mois de grossesse, il ne sortira plus en mer et n'ira pas dans les autres villages.

Comme on le voit, les interdits obligent de nombreuses communautés à interrompre, voire limiter leurs activités quotidiennes pendant la gestation de l'enfant. Cela a pour résultat de marginaliser les futurs pères par rapport aux autres hommes du groupe, mais cela leur permet aussi de collaborer physiquement à la création de cet enfant. Ainsi se dessine-t-il, dans de nombreuses sociétés, une forme de gestation symbolique effectuée par le père, gestation parallèle à la fécondation réelle de la mère. Cette « couvade » responsabilise le géniteur dans la bonne évolution de la grossesse. Cette période commence à la conception et peut se terminer, selon les régions, le jour de la naissance ou au moment des premiers pas de l'enfant. Des symptômes prénataux ont même été observés. Ainsi certains Aborigènes d'Australie restent-ils couchés quand s'approche l'heure de la naissance, à l'image du mâle émeu, cette autruche australienne qui couve les œufs de ses petits. On retrouve ce même phénomène dans plusieurs communautés d'Indiens d'Amérique du Sud, comme les Tucanos d'Amazonie par exemple. Le futur père doit en effet se préserver pour mieux insuffler à son petit toute sa vitalité et qu'il forcisse en se développant. L'énergie ainsi transférée du futur père à l'enfant peut d'ailleurs affecter l'homme au point de le rendre malade. En Asie du Sud-Est, où la couvade perdure, certains géniteurs maigrissent et donnent des signes de faiblesse lors des premiers mois de grossesse de leur femme. C'est comme s'ils prenaient à leur charge, pour la soulager, tous les maux de la femme enceinte.

Les rapports sexuels durant la grossesse

L'attention que le mari doit porter à l'épouse durant sa grossesse implique également la continuité du devoir conjugal. Les rapports sexuels continueront parfois jusqu'au terme de la grossesse. Ils pourront être diminués dans certains pays, voire interrompus totalement dans d'autres.

RAPPORTS CONTINUS

Les ethnies qui imaginent que le fœtus a besoin du liquide séminal pour se former vont accentuer les rapports conjugaux afin que l'enfant puisse recevoir suffisamment de ce « lait de croissance ». C'est le cas au Zaïre, chez les Balubas, qui poursuivent l'acte jusqu'au jour de la délivrance. Sinon, l'enfant viendrait incomplet. Il en est de même chez les Lobis, au Burkina Faso, en Côte-d'Ivoire ou encore au Ghana. Pour les Indiens txikaos du Brésil, cette aspersion séminale est même vitale, puisque, sans relations sexuelles, le bébé ne peut plus vivre et il y a avortement. La conception selon laquelle le sperme ferait grandir l'enfant *in utero* peut entraîner la fin des relations sexuelles au moment où l'on pense que le bébé a assez profité. C'est le cas chez les Yamis, à Taïwan, qui ne font plus l'amour après le sixième mois de grossesse de peur que l'enfant ne devienne trop gros. Pour d'autres, comme les Kanuris, au Nigeria, les pénétrations répétées ont la vertu de faciliter le travail lors de la naissance, en gardant continuellement la voie ouverte et en fournissant également les sécrétions nécessaires pour l'enfant et la mère. Lors d'une première grossesse, chez les Bantous d'Afrique centrale, le passage doit même être agrandi par la main du partenaire avant chaque rapport.

Pour les populations qui interrompent les rapports sexuels lors de la grossesse, les raisons invoquées sont le plus souvent liées au confort du tout-petit. Chez les Nzebis du Gabon, on pense que les rapports effectués après le cinquième mois de grossesse donneraient un enfant sale à la naissance et que, après le huitième mois de gestation, l'enfant risquerait même de tomber malade. Les spermatozoïdes seraient la cause de ce désagrément, donnant la fièvre à l'enfant dans l'utérus. À Java, on conseille au couple de se réfréner, les copulations pouvant déformer l'enfant. Dans les Andes péruviennes, après le septième mois, le pénis qui pénétrerait la femme pourrait toucher l'enfant et donner à son nez une forme aplatie. En France traditionnelle, on pensait que la couche visqueuse qui recouvrait l'enfant était le sperme des derniers rapports. Afin d'éviter un tel spectacle aux matrones, les couples évitaient tout accouplement deux mois avant la date prévue de l'accouchement. En Angola, les Tshokwés arrêtent les rapports dès que la femme sent l'enfant bouger. Pour beaucoup d'autres pays, comme à Taïwan, l'abstinence sexuelle est surtout imposée pendant le dernier mois de grossesse. La séparation physique des époux avant l'accouchement, quand elle a lieu, favorise l'arrêt des rapports conjugaux. Dans certaines ethnies africaines, la future mère s'isole dans une maison qui lui est réservée, ou bien séjourne chez ses parents où elle restera d'ailleurs pendant le temps de la réclusion postnatale. Ainsi, la femme dogon habite dès le début du neuvième mois dans une case à part, dans laquelle son mari vient lui rendre régulièrement visite.

Les rapports sexuels extramaritaux sont en règle générale interdits et même jugés dangereux. La future mère trompée serait malheureuse et son enfant en serait affecté. La fidélité entre époux est censée faciliter l'accouchement puisque la femme est sereine, en paix avec son mari. D'autres, comme les Nzebis, au Gabon, admettent que l'homme peut aller voir une autre femme pendant les derniers mois de grossesse, lorsque les rapports entre époux doivent être moins fréquents ou interrompus.

TROISIÈME PARTIE

L'accouchement

Dans les sociétés traditionnelles, l'accouchement se déroule principalement à domicile et entre femmes. On s'en remet au savoir de la matrone ou, à défaut, d'une voisine ou amie. La présence du père est généralement jugée néfaste — nécessaire cependant dans certaines ethnies.

Une grande maîtrise de la douleur est demandée à la parturiente, toutefois compensée par une liberté totale de mouvements. La future mère accouchera le plus souvent en position verticale. Des gestes d'ouverture seront pratiqués pour favoriser symboliquement la dilatation du col de l'utérus, et des protections multiples seront mises en place pour lutter contre les mauvais esprits qui pourraient entraver le travail.

Si l'accouchement s'avère difficile, on utilisera d'autres remèdes. La future mère devra même parfois se confesser sur des interdits éventuels transgressés pendant sa grossesse.

Conservés, enterrés, consommés ou brûlés, le cordon ombilical et le placenta feront toujours l'objet de rites attentionnés, car on craint bien souvent qu'un sorcier puisse les manipuler et agir malintentionnellement sur la mère et son enfant.

Des rites d'embellissement termineront la toilette du nouveau-né qui devra être effectuée par des gestes précis, accompagnés de massages ou façonnages du corps.

Si l'enfant est immanquablement allaité au sein maternel, certaines ethnies attendent la montée de lait pour nourrir leur bébé. Plusieurs recettes galactogènes permettront alors d'alimenter l'enfant pendant des mois, voire des années.

CHAPITRE XIV

Une affaire de femmes

Sur tous les continents, l'accouchement a toujours été vécu comme un acte qui devait se passer entre femmes. La présence d'un homme, y compris celle du mari, n'était pas souhaitable. On jugeait que les hommes n'avaient aucune connaissance en la matière. Même la collaboration d'un chirurgien n'était pas désirée par les femmes qui jugeaient leur présence indécente. En Europe, il faut attendre le XVIIIe siècle pour que s'affirment leurs compétences. Leur pouvoir s'est accru depuis le développement de la médecine scientifique, puisque l'obstétricien est le seul qui soit autorisé à effectuer certaines interventions (forceps, césarienne, ventouse). En pratique, leur aide se limite parfois à sortir l'enfant, et les futures mères sont le plus souvent aidées par la sage-femme pendant tout le travail. Malgré les vives critiques lancées à leur encontre, celles qu'on appelait « bonnes mères » continueront de garder en milieu rural la confiance de nombreuses femmes en couches, jusqu'au début du XXe siècle. Et, il y a encore cinquante ans, en France, la moitié des naissances avait encore lieu au domicile des femmes. Les hôpitaux accueillaient surtout les futures mères désargentées. Les mentalités ont bien changé, et l'accouchement médicalisé est la norme adoptée par la majeure partie des femmes de notre pays. La naissance à domicile ne représente plus chez nous que 1 % des accouchements. Nous verrons ultérieurement que cette règle n'est pas forcément commune à tous les pays industrialisés.

Les sages-femmes traditionnelles

Dans tous les pays traditionnels étudiés, on fait toujours confiance à la matrone du village. La méfiance envers les établissements hospitaliers persiste, et les mentalités évoluent lentement. Aux Comores, les tentatives pour implanter dans chaque localité une maternité ou un poste de santé ne freinent pas la forte demande des femmes d'effectuer leur accouchement à domicile et de faire appel aux compétences des accoucheuses traditionnelles qui réalisent plus de la moitié des accouchements. Celles-ci débuteront leurs soins en entonnant une chanson destinée à apaiser la femme dans ses douleurs. Elles poursuivront leurs tâches jusqu'au bout, avec les soins donnés au cordon ombilical. Comme ailleurs, ces accoucheuses sont toutes des femmes âgées de plus de cinquante ans et qui ont obligatoirement eu auparavant des enfants.

Au Mali et au Sénégal, chez les Bambaras, la femme apte à accoucher les futures mères reçoit son savoir par transmission initiatique. C'est elle qui détient les connaissances scientifiques sur la vie et la mort. « Chez nous, c'est aussi une vieille femme qui accouche les femmes du village. On l'appelle la *parteira* », ajoute Dominga, une Cap-Verdienne. En Asie, chez les Jörais, les sages-femmes sont aussi rebouteuses et sont censées connaître parfaitement l'anatomie féminine ainsi que l'art des massages. Elles sont admirées de tous et, au Vietnam, les femmes font régulièrement appel à elles. Les risques qu'elles prennent en donnant la vie sont reconnus par tous les habitants. En effet, tout contact, dans ce pays, avec le sang d'une accouchée est jugé dangereux, comme d'ailleurs dans les autres sociétés d'Asie du Sud-Est. La sage-femme, frappée d'impureté, devra donc, après chaque accouchement, observer un rite pour se purifier de cette souillure. Les sages-femmes des ethnies étudiées sont toujours des femmes très respectées. Elles détiennent la connaissance et on leur fait une confiance totale.

Chez les Inuits du Québec arctique, la sage-femme a un statut supérieur dans la hiérarchie sociale, proche de celui du chasseur. Elle a même le privilège de manger les meilleurs parts du gibier. Sa vie reste, dans cette région, très liée à l'enfant à qui elle a donné la vie. Elle suit ainsi chaque étape importante de la vie du petit d'homme jusqu'à l'âge adulte. La sage-femme traditionnelle tharu, au Népal, est là aussi un personnage central de la société. En Inde, elle est surtout spécialiste des massages. Son savoir-faire en la matière s'est répandu auprès des femmes des régions avoisinantes. Après avoir massé le ventre et les reins de la femme en travail, l'accoucheuse la soutiendra ensuite lors de la phase d'expulsion en la maintenant dans le dos.

En Inde, plusieurs femmes sont conviées à partager ce moment fort : la mère, la belle-mère, les belles-sœurs, parfois même les sœurs et les enfants en bas âge. La sage-femme traditionnelle marocaine, appelée *qabla*, massera aussi avec de l'huile d'olive le ventre et la vulve de l'accouchée pour assouplir ces parties et faciliter l'expulsion. Elle donnera également à la femme en couches des tisanes calmantes à base de thym, de menthe, de clous de girofle et de cannelle, destinées à la soulager lors des contractions. Dans le Sud algérien, les futures mères touaregs font appel à une matrone dont la fonction principale consiste à s'assurer que l'enfant est bien positionné. Si ce n'est pas le cas, elle peut rouler la femme par terre afin de remettre l'enfant en bonne posture. Elle massera également la parturiente, et c'est elle qui appellera le marabout si un quelconque problème survient pendant l'accouchement. Ce religieux donnera ses conseils à l'extérieur de l'habitat, car aucune présence masculine, même celle d'un guérisseur, n'est acceptée chez ces nomades. En Égypte, la réputation des sages-femmes traditionnelles, appelées *dayas*, tient à leur disponibilité, leur proximité, mais également à leur grande tolérance. Elles s'inclineront, par exemple, devant les désirs de la future mère en matière de positions d'accouchement et ne feront aucune remarque devant une assistance nombreuse, voire envahissante pendant la naissance. Il est admis que toute les femmes qui viennent assister à un accouchement sont un soutien moral pour la femme en travail et qu'elles peuvent éventuellement aider la *daya* pour des petites tâches. En revanche, aucun homme, là non plus, ne sera admis.

Au Soudan, la sage-femme zandé est choisie par l'oracle que l'on a interrogé à l'avance. C'est elle qui désignera l'assistante qui l'aidera dans sa mission. Chez les Yamis de Taïwan, la sage-femme est choisie dès le quatrième mois de grossesse parmi les femmes du lignage de l'époux. C'est elle qui fera, entre autres, la toilette de la nouvelle mère et de son bébé. Aussi l'appelle-t-on « celle-qui-lave ». C'est une femme âgée, le plus souvent grand-mère, comme dans les autres sociétés traditionnelles.

Les accoucheuses familiales

Si l'on fait appel aux parents ou aux voisines dans certains pays, ce n'est pas toujours par choix délibéré, mais bien par obligation. Au Kurdistan, par exemple, les sages-femmes diplômées sont rares et l'on a souvent recours à des femmes ayant déjà eu des enfants pour aider la femme en couches. Au Nigeria, l'aide viendra de la mère de l'accouchée kanuri. Mais si la mère habite trop loin, ce sera alors le rôle de la belle-mère. Cette dernière sera aussi le plus souvent celle qui aide la femme en travail à Chia, dans les Andes péruviennes, puisqu'il n'existe pas de sage-femme. Mais ce peut être également n'importe quelle voisine ou amie. Chez les Agnis, en Côte-d'Ivoire, la jeune femme en couches ne sera jamais laissée seule. Il y aura toujours une femme de son entourage pour venir l'aider. Ne sont acceptées que les femmes ayant déjà une nombreuse progéniture. « La mère ou la belle-mère peut venir assister à l'accouchement, souligne Suzy, une Agni, mais jamais les deux en même temps. En effet, si une complication survenait à ce moment-là, elles pourraient s'accuser mutuellement. C'est la première arrivée sur place qui reste. L'autre revient alors plus tard, au moment des soins de l'enfant. » Chez les Seris du Mexique, les enfants participent parfois à la naissance qui se déroule dans une ambiance de fête. Deux assistantes, choisies parmi les amies proches de la future mère, feront office d'accoucheuses. La présence de la première de ces assistantes peut d'ailleurs ne pas être requise si la future mère est une multipare dont les précédentes naissances se sont passées sans problèmes. Le travail de cette personne, appelée alors « celle-qui-la-soulève », consistera à soutenir l'accouchée dénommée « celle-qui-est-soulevée ». Placée face à la parturiente, la deuxième assistante, appelée « celle-qui-saisit », aura pour mission de recueillir le bébé à la sortie du ventre maternel.

Les accouchées solitaires

Dans certains pays, les femmes peuvent accoucher seules, par exemple au Bangladesh, ou chez les Toubous, des nomades du Sahara. La moitié des femmes bassaris du Sénégal accouchent seules également. « Dans la campagne cap-verdienne, les femmes accouchent parfois seules, précise Dominga. Elles appellent la *parteira* après la délivrance pour qu'elle vienne couper le cordon ombilical. » Chez les Baribas du Bénin, la future maman, même pour une première grossesse, est supposée être fin prête pour parer à toute éventualité lors de cet événement. On lui a enseigné les bons gestes, ainsi que la composition des médecines à préparer pour obtenir une délivrance facile et rapide. Elle appelle ensuite une des femmes de la maison pour couper le cordon. Cette tâche revient en général à la mère de la nouvelle mère, à sa belle-mère, à sa sœur, voire à sa coépouse. La même coutume se retrouve chez les Wahgis de Nouvelle-Guinée. La femme donne naissance à son enfant dans une solitude totale. La mère et parfois les coépouses ne sont pas loin, à l'extérieur, et peuvent encourager l'accouchée. Mais elles ne pénétreront pas dans l'habitation, même lorsque l'accouchement se passe mal. Dans cette région, il ne viendrait à personne l'idée de toucher les organes génitaux d'une femme en couches avec des mains dont le rôle essentiel est de préparer la cuisine des enfants et des hommes. Cette croyance populaire peut, hélas, dans certains cas extrêmes, conduire à la mort en couches de la femme, seule, avec son bébé, sans que personne ne puisse lui venir en aide.

La présence du futur père

En France, comme dans d'autres pays industrialisés, la présence du futur père en maternité est devenue banale. Il ne faudrait pourtant pas oublier que cette attitude est toute récente et qu'elle s'est installée progressivement. Il y a encore cinquante ans, la venue d'un futur père en salle de travail n'aurait même pas pu être imaginée. Dans tous les exemples de populations cités plus haut, les hommes ne sont pas acceptés lors de la venue au monde de leur enfant, même depuis que la tendance augmente à donner la vie à la maternité, en milieu hospitalier.

PRÉSENCE NÉFASTE

L'accouchement étant jugé comme une affaire de femmes, la présence du père n'est en général pas désirée lors de la naissance. Il existe même certains cas, en Afrique ou en Asie, où leur absence est indispensable pour le bon déroulement de l'accouchement. Chez les Tshokwés, en Angola, la séparation hommes-femmes pendant cet acte est symbolisée par les couleurs de la natte sur laquelle la future mère s'assoit pour accoucher. Rayé de rouge et de blanc, les couleurs de la séparation, ce tapis indique clairement que les hommes doivent être tenus éloignés de l'endroit où la naissance se déroule. Les hommes dogons, au Mali, n'assisteront pas non plus à la naissance de leur enfant. Toute présence masculine dans ou autour de la maison empêcherait la délivrance. Aussi, le mari dogon, dès le début du travail, part-il chez un ami et attend-il. Chez les Bakoués de Côte-d'Ivoire, l'éloignement des hommes est tout aussi obligatoire, et le plus loin possible, car il leur est interdit même d'entendre les gémissements d'une femme en travail. Une femme est d'ailleurs postée près de l'endroit où la future mère accouche, afin d'éloigner toute présence masculine. Les hommes se rassemblent alors dans le village, loin du lieu d'accouchement, tout comme le font les nomades de la Turquie méridionale. Chez les Diolas, au Sénégal, tout ce qui concerne la maternité est un secret jalousement gardé par les femmes. Elles accouchent dans des maternités gérées exclusivement par les femmes du village. Le mari devra attendre la fin du séjour de sa compagne en maternité pour avoir enfin de ses nouvelles et de celles de leur enfant.

Après la sortie, aucun détail ne lui sera donné, même si l'enfant est mort à la naissance. Les bonheurs comme les malheurs vécus lors de l'accouchement devant rester à jamais dans la maternité et dans la tête des femmes. Dans cette société, il est même interdit aux hommes d'apercevoir le linge d'une femme en couches ou d'essayer de connaître un détail du déroulement d'un accouchement. Si ce type d'interdit était transgressé, l'homme devrait en faire publiquement la confession et parfois même sacrifier un animal. Dans de telles conditions, on imagine mal le père (ou tout autre homme) approcher de la femme en couches, surtout lorsque l'on sait que, pour cette ethnie, le sang de l'accouchement a la réputation de mettre en péril leur virilité. Le sang féminin se révèle aussi menaçant pour les facultés productrices des femmes : seules les femmes ménopausées pourront assister l'accouchée. « Ces croyances se retrouvent au Bénin, affirme Siaka, une Wéménou. Les hommes ont interdiction d'entrer dans la chambre d'accouchement. Ça porte malheur de voir le sang de sa femme couler. Et puis le mari peut culpabiliser en voyant sa femme saigner : il pense que c'est à cause de lui qu'elle a mal. Alors les hommes restent dehors avec des amis pendant toute la durée de l'accouchement et attendent qu'on vienne leur annoncer la nouvelle. » En Asie, le sang d'une femme, lors de ses règles ou pendant l'accouchement, est également considéré comme impur. La salle où la naissance a eu lieu reste impure pendant un mois. Dans les hôpitaux taïwanais, 90 % des obstétriciens et gynécologues sont des femmes. Toujours à cause des aspects néfastes du sang féminin pour les hommes, mais aussi à cause de la répulsion qu'ont les femmes asiatiques en général de parler de leurs problèmes gynécologiques avec un homme. La même attitude se rencontre en Irak, comme le confie Halima, une Kurde : « Dans toutes les maternités du pays, les obstétriciens sont des femmes. Même pour une maladie gynécologique, jamais une femme n'ira voir un médecin homme. » De telles croyances sont partagées aussi par les Vietnamiennes. D'ailleurs, si un homme entre dans la chambre de l'accouchée, il ne peut plus participer aux rites ancestraux. Si le mari, par mégarde, pénètre dans la chambre, il devra se purifier avec de l'eau avant d'aller au temple ou dans n'importe quel autre endroit sacré. Lors d'un accouchement, le futur père reste en général à proximité dans une pièce pendant tout le déroulement de l'accouchement, avec les autres éléments masculins de la famille, pour être informé de l'évolution de la naissance. « C'est le cas aussi dans mon pays, les médecins interdisent aux papas d'entrer dans la salle de travail », ajoute Hang, une Chinoise. Le père japonais n'assistera pas non plus à la naissance de son enfant. Dans ce pays où les accouchements sont généralement faits en milieu hospitalier, ce sont les grands-mères qui apportent leur soutien à la femme en couches.

PRÉSENCE NÉCESSAIRE

Dans d'autres populations, la présence du futur père semble acceptée, voire indispensable. Par exemple, dans le Sénégal oriental, plus d'un tiers des maris bassaris assistent à la naissance de leur enfant et ont le privilège de couper le cordon ombilical, et même de le nouer. On trouve également dans cette ethnie quelques cas d'hommes ayant fait fonction d'accoucheur. Chez les Éwés du Togo, le père peut, très rarement cependant, être celui qui aide à l'accouchement s'il a les connaissances et l'expérience requises, ce qui en fait un être hors norme. En Océanie, dans les îles de Tuvalu ou de Java, les futurs pères sont les seuls hommes acceptés lors de l'accouchement. Leur rôle consiste à encourager leur femme pendant les douleurs utérines et à la soulager physiquement en lui soutenant le dos. Chez les Tenggers de Java, le père est informé, dès le début des contractions, que sa femme est en travail. On dit alors dans cette société que c'est l'enfant qui choisit d'attendre ou non son père pour faire son entrée dans le monde. Cette décision du bébé est très importante puisqu'elle va conditionner toutes les relations émotionnelles à venir entre l'enfant et son père. En Amérique du Sud, l'homme participe activement à la naissance de son enfant. Au Guatemala, par exemple, le rôle du mari consiste à soulager sa femme en la soutenant sous les bras. On dit dans ce pays qu'il est important pour le mari de savoir qu'une femme est amenée à souffrir. Le même raisonnement est tenu par les Mexicains. Au Yucatán, on peut même accuser le père d'un enfant mort-né d'être responsable du décès s'il était absent au moment de l'accouchement. De même au Gabon, le futur père nzebi se doit d'être auprès de sa femme. S'il n'est pas dans la maison au début des contractions, on dit dans cette ethnie que la femme souffre beaucoup plus et que ses douleurs vont aller chercher le mari absent pour le ramener à la maison afin que l'enfant puisse naître. En Amazonie, le futur père jivaro est mis à contribution : il réalisera bien souvent tout l'accouchement avec l'aide de sa belle-mère.

CHAPITRE XV

Le lieu de l'accouchement

À domicile

Le lieu préféré en milieu traditionnel. « Les femmes accouchent chez elles car elles n'aiment pas accoucher à l'hôpital, atteste Maïmouna, une Bambara du Sénégal. La matrone, une vieille femme du village, s'occupe de tout. En général, elle vient au domicile de la future maman, mais il arrive qu'on aille accoucher dans la case de l'accoucheuse. » Habituellement, la femme accouche aussi chez elle en Inde ou au Népal. Elle pourra donner naissance à son enfant dans son lit, mais, si la maison le permet, une autre chambre peut être spécialement aménagée pour la circonstance, de préférence la pièce la plus à l'écart de l'habitat. Dans les pays asiatiques, il est indispensable que la pièce choisie puisse être fermée, car la femme doit vivre dans cet espace clos durant le mois qui suit la naissance. En revanche, elle ne doit pas accoucher chez ses parents, sinon ses belles-sœurs seraient frappées de stérilité ou de difficultés lors de leur propre accouchement. Les mêmes dommages seraient causés aux autres femmes d'une maisonnée si elle accouchait chez ses voisins. Dans tous ces pays, on cherche à isoler le plus possible la future mère, selon les moyens à sa disposition. Par exemple, les Éwés du Togo transforment en salle d'accouchement l'endroit fermé qui sert habituellement à la toilette. Chez les Indiens péruviens de la communauté de Chia, la future mère sera installée dans la pièce à vivre, qui sert en même temps de cuisine et de dortoir, mais qu'on séparera à l'aide d'un rideau accroché aux poutres du plafond. Chez les Seris du Mexique, on isole la zone de naissance du reste de la maison en suspendant des couvertures. Chez les Indiens txikaos du Brésil, la femme dort habituellement sous le hamac de son époux, au milieu de l'habitation. Quand arrive le moment d'accoucher, elle adopte pendant plusieurs jours un emplacement précis au fond de la maison, contre un mur, du côté le plus sombre. Cet isolement révèle le sentiment d'impureté qu'éprouvent les femmes txikaos en couches et qui se poursuivra jusqu'à la fin complète des écoulements sanguins postnataux.

À l'extérieur

Si la majorité des femmes dans les pays étudiés donne naissance à leur enfant à l'intérieur de la maison, certaines se retranchent dans des endroits spécifiques attenants, jugés plus pratiques. C'est le cas chez les Peuls et les Boïns du Sénégal. La future mère se retire dans un enclos extérieur destiné ordinairement à la toilette. En Amazonie, les femmes jivaros accoucheront dans leur jardin. C'est un peu à l'écart des habitations, derrière les cases du village, que la femme bakoué enfantera. Pour mieux être protégée des regards indiscrets, elle se mettra dans une des baignoires construites en bambou de raphia. Dans cette baignoire, la matrone déposera, juste avant l'accouchement, des feuilles de bananier qu'elle aura coupées et passées à la chaleur du feu pour les désinfecter. La naissance d'un enfant, chez les Bororos d'Amazonie, devra se faire en pleine forêt. La future mère se dirige vers l'endroit choisi dès que les contractions surviennent, assistée de sa mère et de sa belle-mère. Les femmes de cette ethnie abordent cette événement assez fatiguées car, la nuit qui précède la naissance, elles évitent de s'endormir afin de ne pas faire de cauchemars liés à un danger qui pourrait s'abattre sur la population. Si tel était le cas, l'enfant devrait être étouffé tout de suite après sa sortie et enterré dans la forêt sans aucune cérémonie (voir chapitre VII « La future mère en marge de la société »).

Les constructions réservées à la maternité

En Angola, la femme tshokwé enfante parfois dans une petite maison fabriquée spécialement par son mari et dans laquelle elle habite à partir du neuvième mois de grossesse. C'est également le futur père qui construit la hutte d'accouchement pour sa femme en Middle Wahgi (Nouvelle-Guinée). La femme se retirera dans cette petite habitation ronde d'environ deux mètres de diamètre juste au moment de l'accouchement. Elle y séjournera pendant huit jours. Chez les Diolas du Sénégal, aucune femme ne donnera la vie chez elle ou dans une autre maison. On croit en effet que les pires catastrophes pourraient survenir dans le village si une seule goutte de sang tombait dans une maison. Dans ce cas, celle-ci serait immédiatement brûlée. Auparavant, les femmes avaient l'habitude d'accoucher en brousse ou en forêt. Elles y retournent encore lorsque l'accouchement se passe mal, mais, depuis que des maternités en dur ont été construites, c'est généralement dans ces édifices qu'elles donnent naissance à leur enfant. Le sang féminin demeure symbole d'impureté et représente un danger. Aussi rien de ce qui est utilisé dans l'enceinte de la maternité ne doit en ressortir.

Dans la maison maternelle

À l'approche du jour J, dans bien des sociétés, les futures mères quittent leur maison pour aller dans celle de leurs parents, surtout dans le cas d'une première grossesse. Elles accouchent donc souvent auprès de leur propre mère qui leur apporte son aide. Elles peuvent même y demeurer pendant quelque temps. Cette conduite se retrouve au Mexique, en Algérie, en Inde, en Polynésie et dans de nombreux pays africains. La femme zoulou, en Afrique du Sud, se doit de revenir dans sa maison natale pour accoucher, car c'est dans cette habitation que se trouvent les fantômes de son clan. La femme zafimaniry, de Madagascar, restera plusieurs mois chez sa mère avec son petit, le temps de se faire désirer et d'être priée par son mari de revenir. Ce n'est qu'au terme de la troisième ou quatrième grossesse que les choses changeront : c'est la mère qui viendra aider sa fille chez elle. Si la belle-mère dogon (au Mali) n'assiste que très rarement aux accouchements de ses brus, il n'en va pas de même pour les Gusiis du Kenya. La belle-mère ne veut pas rater l'arrivée de son petit-enfant, mais elle ne peut pas non plus pénétrer dans la maison de son fils car cela serait considéré comme peu convenable. C'est donc à sa belle-fille de venir accoucher chez elle, par terre, sur une peau de bête installée près de son lit.

CHAPITRE XVI

La maîtrise de soi

Si les Antillaises ont la réputation de pouvoir s'exprimer librement, laissant rejaillir les douleurs qu'elles ressentent en cris plaintifs, qu'en est-il des autres futures mères ? Dans les maternités parisiennes, où plusieurs ethnies se côtoient dans les salles d'accouchement, le personnel constate que certaines femmes ne bronchent pas et ne manifestent aucun signe de souffrance. Ce n'est pas que ces femmes soient moins sensibles que les autres à la douleur ou que leur accouchement soit plus doux que celui de leurs consœurs européennes. Non. La raison en est culturelle : depuis leur enfance, ces femmes ont appris qu'elles doivent enfanter « sans mot dire », sous peine de déshonorer leur famille. Ainsi le point commun des femmes de tous les pays considérés est-il la maîtrise de soi. Cette constante se retrouve sur tous les continents, mais à des degrés différents. Par exemple, la femme mexicaine pourra se plaindre un peu, mais on se moquera d'elle plutôt que de compatir. On lui a maintes fois répété que la douleur est normale pendant l'accouchement et même que c'est plutôt bon signe puisque, selon un dicton populaire, « l'enfant naît au centre de la douleur ». La même demande de contrôle se retrouve en Océanie et en Asie. La femme vietnamienne devra souffrir en silence pendant tout l'accouchement, même lorsqu'il y a déchirure du périnée. À Taïwan, on demandera à la future maman de ne pas crier afin de ne pas perturber les autres habitants du village. En Malaisie, si l'on chante des incantations, ce n'est pas seulement pour leur effet protecteur, les sages-femmes avouent qu'elles s'en servent également pour détourner l'attention de la femme en travail sur les formules magiques. Mais c'est en Afrique noire que le courage est le plus imposé aux femmes en couches. Une des raisons invoquées est que les cris de la future maman pourraient attirer l'attention d'un esprit mauvais ou celle d'un sorcier. Voilà pourquoi, chez les Éwés du Togo, la femme qui accouche ne poussera aucun cri. De même, on attendra la sortie du placenta pour clamer la bienvenue d'un enfant. « Il faut voir les femmes accoucher en milieu rural ! s'exclame Dominga, une Cap-Verdienne. Même lorsqu'elles accouchent toutes seules, elles ne crient jamais. Elles sont très courageuses. »

Le poids de la religion

Dans les pays catholiques, le poids du péché originel a longtemps été porté par les femmes. Il est d'ailleurs écrit dans la Bible qu'elles enfanteront dans la douleur. Ce message ancestral rappelle que la douleur est inévitable et qu'aucune future mère n'y échappera. La pensée bouddhique, quant à elle, est bien différente. Les douleurs seraient le résultat des péchés commis par la future mère lors de ses vies antérieures. Ainsi, en Inde ou au Sri Lanka, n'est-il pas bon signe de souffrir pendant l'accouchement. En revanche, un accouchement rapide et sans peine témoigne d'une bonne conduite dans les vies passées. En Thaïlande, on considère également que l'enfant qui naît sans difficulté sera alors un bon enfant qui aidera plus tard sa mère et ne lui fera jamais de mal. Si, au Maroc, on invoque Allah ou Mahomet, la femme tentera d'étouffer ses cris en mordant dans une mèche de cheveux. La même pratique est relevée en Égypte où les cheveux peuvent être remplacés par un bout de tissu. Il s'agit de montrer avant tout son courage au voisinage.

Le déshonneur

L'autre raison majeure, principalement en Afrique noire. La maîtrise de la douleur dans ce continent est l'une des principales valeurs morales. Aucun pays n'y échappe. La femme ivoirienne devra rester stoïque pendant tout l'accouchement, sans verser la moindre larme. La même attitude est demandée à la femme bariba, au Bénin. Ce comportement héroïque lui vaudra un plus grand respect de la part des hommes et des autres femmes. Elle ne se plaindra pas non plus : selon une croyance populaire, la femme en couches qui souhaiterait tout haut ne jamais avoir été enceinte deviendra stérile, à tout jamais. La force dont fait preuve la femme africaine lors de ses douleurs servira à son tout-petit qui sera, à son tour, capable de se contrôler.

En Afrique australe, la femme zoulou qui accouche sans un cri est félicitée. À l'inverse, si elle laisse échapper la moindre plainte, elle sera dénigrée et elle déshonorera sa famille. La honte se reporte également sur la famille de la future mère nigérienne qui a eu le malheur de crier pendant son accouchement. On ne doit déceler aucun rictus sur son visage. Après la délivrance, si elle demande une main secourable pour descendre de la table d'accouchement, elle se fait réprimander.

Mais l'ethnie la plus intransigeante vis-à-vis des femmes qui se plaignent, c'est la société diola, au Sénégal. Seule la femme qui a montré son courage en enfantant pourra être intégrée dans la vie sociale des femmes du village. La première naissance est la plus importante. Les matrones emmènent la future maman en brousse dès le cinquième mois de grossesse pour lui faire connaître à l'avance l'importance que l'on attache à sa conduite lors du futur accouchement. Elle devra se montrer vaillante et vaincre toutes les douleurs. Dans cette société, l'accouchement est considéré comme un combat contre la souffrance et la mort. Aussi est-il demandé à la future mère diola d'accoucher rapidement et dans le silence, sous peine de recevoir injures et brimades.

CHAPITRE XVII

Les positions d'accouchement

Depuis la nuit des temps, les femmes ont expérimenté toutes les positions possibles pour faciliter la naissance de leurs enfants. Même en France, il y a seulement deux siècles, on accouchait encore à genoux ou debout devant la cheminée. Depuis le XVIIIe siècle, la position couchée sur le dos est la norme imposée, comme dans la plupart des pays occidentaux. Cette position a été dictée par les obstétriciens et le premier à la recommander fut Ambroise Paré. Moins efficace pour accélérer le travail que la position verticale, la position couchée sur le dos est en revanche jugée plus pratique par les praticiens pour mieux contrôler la bonne évolution de l'accouchement. Cette position gagne maintenant les populations influencées par la médecine occidentale. Si quelques parturientes ont adopté la position couchée, 80 % des ethnies considérées dans cet ouvrage adoptent comme position d'accouchement la stature verticale, c'est-à-dire debout, assise, accroupie ou encore à genoux. Dans ces postures, la pesanteur favorise en effet la dilatation du col de l'utérus et permet un meilleur positionnement de la tête de l'enfant. De plus, l'effort musculaire que doit fournir la femme en phase finale pour expulser son enfant se trouve facilité par la verticalité de ces positions. Il faut savoir que celles-ci ne sont absolument pas statiques et que, même si une position s'impose culturellement à une femme, elle pourra en changer à tout moment. En effet, la seconde constante que l'on trouve dans cet inventaire, c'est la grande liberté de mouvement. Les futures mamans, dans tous les pays, sont d'ailleurs toutes invitées à bouger, marcher, déambuler pendant la durée du travail.

La position assise

Cette position est de loin la plus utilisée dans les pays considérés dans notre étude. On la retrouve très fréquemment dans les pays d'Afrique du Nord. En Tunisie, la future mère est assise pendant le travail. Au moment de l'expulsion, elle se fera aider par les femmes qui l'assistent en la maintenant sous les aisselles. Si la femme marocaine accomplit de nombreux va-et-vient pendant la première phase de son accouchement, elle se mettra en position assise, les jambes écartées au maximum, dès que les efforts expulsifs deviendront nécessaires. La sage-femme se tient alors devant elle, assise en tailleur, ou bien les jambes étendues sous les fesses de la future mère. Une assistante masse sans cesse le ventre de haut en bas, avec énergie. Grande est la peur de voir « remonter » le placenta vers le haut. En position assise, la future mère repose principalement sur son postérieur, mais elle peut également prendre appui sur un support. Ainsi certaines Marocaines s'assoient-elles sur des coussins, voire un récipient en terre cuite. « Dans d'autres villages, les femmes disposent un tas de draps et la future mère s'assoit dessus pour accoucher », ajoute Inès, une Marocaine. Dans le Sahara algérien, la parturiente se tient sur le bord d'un plat à couscous, la sage-femme étant dans la même position, mais sur l'autre bord. En

Égypte, les femmes qui ont adopté cette position se servent parfois d'un petit tabouret de salle de bains ou confectionne un siège fait de briques empilées sur trois côtés.

Cette posture assise est aussi la plus fréquente en Afrique noire. Au Sénégal, elle est adoptée par les Peuls, les Boïns, et en partie par les Bassaris. Au Cameroun, de nombreuses ethnies ont choisi cette position, confortées dans leur choix par une légende célèbre dans tout le nord du pays. Cette fable met en scène le forgeron, héros ancestral de la population, qui a non seulement appris aux hommes à copuler, mais leur a également enseigné l'accouchement. Il est en effet raconté que, jadis, les hommes ouvraient le ventre maternel pour en extraire l'enfant, ce qui causait fatalement la mort des femmes. Un jour, le forgeron leur exposa une nouvelle méthode : la femme doit s'asseoir, les jambes écartées sur une pierre, enlacée par une femme placée derrière qui lui presse le ventre. L'enfant sort ensuite de lui-même et est recueilli par une autre femme, placée quant à elle devant la mère. Les hommes suivirent les conseils avisés du forgeron et s'en trouvèrent heureux, puisque la vie des femmes en fut préservée. Les futures mères de cette région continuent d'accoucher conformément aux recommandations du forgeron de la légende. Les Dakkas, les Lakkas, les Dourrous, les Nandjis et les Sarras s'assoient toujours sur le rebord d'une grosse pierre, les jambes écartées, en se tenant fermement les genoux. Comme il est dit dans la légende, deux vieilles femmes aident la future mère, l'une accroupie devant, la seconde placée derrière pour masser le ventre.

Au Nigeria, la femme kanuri s'assoit au-dessus d'un grand récipient en bois pour mettre au monde son bébé. Chez les Dogons, au Mali, les femmes prennent place sur un petit tabouret bas. Une assistante leur masse le ventre, d'arrière en avant, tandis qu'une autre s'accroupit devant, prête à recevoir l'enfant. Au Bénin, la future mère wéménou préférera s'asseoir sur le bord d'un coussin, les jambes repliées et le dos appuyé contre le mur de l'habitation. En Angola, la femme tshokwé, assise elle aussi, se penche vers l'arrière, tirée fermement par les épaules par une assistante qui pousse en même temps avec ses pieds sur les reins de la femme enceinte. Notons que cette position assise se retrouve en Océanie, plus particulièrement dans la partie rurale du centre de Java. La sage-femme étend à terre une natte en paille, sur laquelle la future mère prend place, en position assise. Le père, quant à lui, s'assoit derrière sa femme sur un petit banc. Lorsque la parturiente pousse pour mettre au monde son bébé, elle se penche vers l'arrière, maintenue par les jambes de son mari.

Enfin, plusieurs Indiennes d'Amérique du Sud ont également adopté cette position, avec quelques variantes. La future mère seri, au Mexique, prend place en position assise, penchée en arrière sur les genoux d'une assistante, la tête reposant sur son épaule. Elle porte une bande serrée placée juste sous les côtes pour aider l'expulsion. L'assistante, quant à elle, est agenouillée, adossée sur des couvertures empilées contre le mur. Devant la future maman se trouve assise une seconde assistante, employée à recueillir l'enfant à sa sortie. En Guyane, la femme wayana donne naissance à son enfant assise sur les genoux de son mari, installé dans un hamac. Les Txikaos du Brésil optent également pour un hamac suspendu près du sol. Dans l'effort, la femme empoigne un autre hamac accroché tout près. Un trou sera auparavant fait pour que l'enfant passe à travers le hamac. Dans la région du Yucatán, au Mexique, la femme restera dans son hamac pendant tout le travail et pourra même accoucher dedans, en position assise, une femme la soutenant par-derrière. Il arrive également qu'elle sorte du hamac juste avant l'expulsion, pour se mettre sur les pieds d'une chaise renversée sur le côté. Les pieds de la chaise sont amortis par des chiffons que l'on a disposés autour. Une corde est accrochée à la poutre maîtresse du toit. La femme peut alors s'y accrocher à chaque contraction pour mieux pousser. Derrière elle se trouve toujours l'assistante qui la soutient et l'aide dans chacun de ses mouvements. La sage-femme, elle, s'accroupit devant.

La position accroupie

Dans cette position, le poids de la femme repose principalement sur ses pieds. Rarement adoptée par les Occidentales, cette position est bien acceptée dans de nombreuses ethnies africaines, familières de cette posture dans les travaux de leur vie quotidienne. Au Cameroun, la future mère boum s'accroupit, les jambes écartées, aidée simplement d'une assistante qui est assise derrière elle et dont la tâche consiste à soutenir la femme prête à accoucher et à lui masser fortement le ventre. Même position adoptée chez les Kissis, mais l'assistante, toujours assise derrière, aidera la future mère en la soutenant fermement sous les aisselles. La femme wahgi, de Nouvelle-Guinée, qui accouche toute seule, prendra appui sur ses deux mains dans l'effort expulsif. Les matrones obligeront la femme diola à marcher et même à danser avant de s'accroupir, pour que la naissance soit plus rapide. Quant à la femme touareg, en Algérie, elle s'aidera d'un piquet planté au centre de la tente d'accouchement. « On peut aussi s'accroupir dans l'eau ! déclare Suzy, une Agni de

Côte-d'Ivoire. On ne le fait pas dans notre village, mais je sais que quelques villages ivoiriens pratiquent ce genre d'accouchement. La future mère remplit une grande cuvette d'eau et elle se met dedans. Elle donne naissance à son enfant accroupie dans cette bassine. Elles disent toutes que c'est beaucoup, beaucoup plus facile d'accoucher ainsi et que ça enlève les douleurs des contractions. »

La position à genoux

C'est principalement sur le continent sud-américain que l'on rencontre cette position. Au Guatemala, la sage-femme prend soin d'étendre un tissu propre sur une natte en paille, sous la future mère qui est agenouillée tout habillée. Celle-ci va accoucher en serrant le bord d'un lit ou d'une chaise mis à proximité. Le futur père, dont la présence est requise, tentera d'aider sa femme en la soutenant sous les aisselles. La même attitude est observée par l'Indienne maya, dans le même pays. Mais son mari lui prodiguera son aide différemment : il appuiera sur la tête de sa femme pour, pense-t-il, activer la descente de l'enfant. Au nord-ouest du Brésil, la femme surara et la femme pakidai accoucheront de la même manière, toujours près d'un arbre. La femme prendra place à genoux sur la terre que l'on aura ramollie au préalable avec un peu d'eau. Des deux bras, elle enlacera le tronc d'un arbre pour mieux s'accrocher et soutenir l'effort lors de l'expulsion. La future maman inuit accouchera également à genoux, jambes écartées aussi. Cette position ne sera prise qu'au moment de la délivrance. Avant, elle sera plutôt allongée par terre ou assise, le dos reposant sur sa sage-femme. On accouche également à genoux dans certains pays d'Afrique, comme au Cameroun, où les Bassaris ont opté pour ce mode d'accouchement, et au Bénin, où la femme bariba devra donner naissance à genoux, après avoir été contrainte de marcher le plus possible. Contrairement aux autres, on ne lui massera ni le dos ni le ventre, de peur de faire mal au bébé.

La position debout, suspendue

Moins répandue que les autres positions verticales, la position en station debout nécessite un soutien fixe auquel s'accrocher. Si beaucoup de femmes dogons (au Mali) accouchent assises, elles sont nombreuses aussi à choisir de rester debout dans leur case. Elles se servent alors des poutres de soutien auxquelles elles s'accrochent ou se pendent par les mains. La matrone est debout également, massant vigoureusement le ventre de la future mère. À terre, une autre femme attend, accroupie, que l'enfant arrive. Quant à la femme turque, c'est sur une corde attachée au mur qu'elle tirera pour faciliter l'accouchement lorsqu'elle sera seule. Assistée par une autre femme, elle choisira plutôt la position assise ou couchée. Plusieurs postures sont testées également par les femmes des Andes péruviennes. Mais l'important, dans cette région, c'est de ne surtout pas changer de position entre la sortie du bébé et la délivrance du placenta.

La position couchée

Sur l'île de la Société, en Polynésie, on accouchait en position assise il y a encore une dizaine d'années. La femme s'agrippait, les bras tendus, à une corde accrochée à la poutre traversière de la maison. Peu à peu, cette méthode a été délaissée pour une posture couchée sur le dos, jugée plus moderne. Cette posture se rencontre fréquemment dans plusieurs autres pays mais reste moins pratiquée que toutes les autres positions. Elle est adoptée par de nombreuses femmes asiatiques qui préféreront bien souvent s'allonger par terre, sur un sol ferme, plutôt que dans un lit. À Taïwan, la sage-femme va effectuer des massages sur le ventre de la future mère, tout en essayant de guider au mieux l'enfant vers la sortie. En Inde, la méthode est parfois plus énergique : après avoir tour à tour expérimenté un peu toutes les positions, la femme sera allongée par terre sur le dos au moment de l'expulsion, pour que la sage-femme se mette à califourchon sur elle et pousse afin de mieux expulser l'enfant. Cette attitude est imitée par l'assistante éwé, au Togo. Cette fois-ci, la future mère est allongée sur un pagne étendu sur le sol.

En Malaisie, on fera attention à positionner la femme allongée par rapport aux points cardinaux. On préférera l'ouest et le sud pour faciliter son accouchement. On évitera totalement le nord qui est associé à la mort (dans ce pays, les cadavres sont enterrés la tête tournée vers ce point). L'est ne sera pas choisi non plus, car opposé à l'ouest, direction sacrée, vers laquelle les Malais se tournent pour leurs prières. L'est, en étant la partie négative de l'ouest, est la voie ouverte aux influences des mauvais esprits.

On le voit, la majorité des femmes des ethnies considérées continuent d'adopter des postures verticales lors de l'accouchement. Ces positions, transmises d'une génération à l'autre, ont été choisies pour faciliter le travail et l'expulsion. On comprend alors aisément la déception de ces femmes lorsqu'elles accouchent en milieu hospitalier occidental. Couchées sur le dos, privées de leur liberté de mouvement, elles se sentent bien souvent éloignées de leurs coutumes locales. Dans des sociétés où donner la vie est le rôle majeur accordé aux femmes, peuvent-elles se sentir réellement fières d'accéder au statut envié de mère si leur accouchement est vécu passivement, dans des conditions contraires aux rites communautaires ? Une plus grande souplesse des équipes médicales conduirait ces femmes à mieux accepter les pratiques occidentales tout en leur permettant d'accoucher selon les traditions en cours dans leur pays.

CHAPITRE XVIII

Les protections

Dès que les contractions utérines commencent, la future mère et son entourage vont suivre les coutumes appropriées qui sont jugées propices dans leur pays afin d'obtenir un accouchement facile et sans problème. Certaines pratiques sont d'ordre symbolique, comme tous les gestes qui ouvrent, délient. D'autres sont plus magiques, dans le but de lutter contre le pouvoir surnaturel, toujours très inquiétant lors de ce moment crucial.

Les protections symboliques : les gestes d'ouverture

Pour que l'enfant puisse sortir, il faut que le col de l'utérus s'ouvre. Afin d'activer cette ouverture, les femmes ont adopté une conduite universelle qui consiste à dégager tout ce qui est fermé, de détacher, délier tout ce qu'elles portent. En Inde, la future mère détachera ses cheveux et aussi enlèvera ses bijoux. La sage-femme qui l'assiste retirera ses bagues et ses bracelets, mais pourra garder ses boucles d'oreilles ainsi que la boucle perçant sa narine. Les vêtements seront desserrés, les portes ouvertes, et l'on détachera les animaux qui pourront aller et venir dans la maison. Au Maroc, il est recommandé à la future mère d'être nu-tête, de délier sa chevelure et de dénouer sa ceinture. Il est à noter que l'action symbolique de dénouer ses cheveux revêt une importance encore plus grande chez les musulmanes, puisque ce geste a été effectué par la fille du Prophète (Lalla Fatima Ez Zahra) lors de la naissance de son premier enfant. Cette coutume est également observée en Égypte, où la femme devra en plus ôter sa montre et baisser ses fermetures Éclair. On conseillera à la future maman turque de se déboutonner et d'enlever sa ceinture. Elle devra également dénouer ses nattes, tout comme les femmes qui assisteront à la naissance. Si le mari est présent, on lui demandera de défaire ses lacets et de déboutonner sa chemise. Les mêmes recommandations sont faites en Chine ou en Corée. Dans ce dernier pays, pour mettre toutes les chances de son côté on couvrira la future mère d'habits empruntés à une femme ayant eu, auparavant, des accouchements faciles.

Les protections contre le pouvoir surnaturel

LIEU CLOS ET CHALEUR

Les forces surnaturelles nuisibles sont redoutées dans de nombreux pays le jour de l'accouchement. Le moyen efficace pour éviter qu'un esprit vienne rôder autour de la future mère ? Lui interdire l'entrée dans la chambre d'accouchement. Aussi, inversement aux gestes de protection cités précédemment, il s'agit de fermer, de clore tout ce qui est ouvert. Pour les Mexicains, au moment de la naissance, mère et enfant sont considérés comme extrêmement vulnérables à l'influence des esprits de la forêt. Pour les empêcher d'entrer, ils garderont portes fermées, et, si la pièce comporte des fissures ou des fentes, celles-ci seront toutes obstruées par de vieux chiffons. Cette croyance était également vivace en France il y a deux à trois siècles. On fermait portes et fenêtres dès les premières douleurs et l'on chauffait la pièce qui devenait vite étouffante. On pensait alors que c'était le meilleur moyen pour chasser les mauvais esprits et protéger la future mère contre le froid, jugé redoutable pour sa santé. La chaleur et le feu ont un rôle important, et cette atmosphère suffocante se retrouve de nos jours dans de nombreux pays asiatiques où le feu doit être allumé constamment, et ce un mois encore après la naissance. Chez les Kanuris (au Nigeria), on considère que la femme doit rester au chaud et qu'elle doit prendre pendant tout l'accouchement de nombreux bains chauds qui les préserveront du mal, elle et son petit. Dans les Andes péruviennes, un bon accouchement ne peut se faire que si la femme a bien chaud. Pour la réchauffer, on lui donne alors à boire une potion contenant de l'alcool mélangé à une décoction de graines et d'herbes.

LES PROCÉDÉS MAGIQUES

Nous avons vu précédemment le respect que l'on porte aux sages-femmes traditionnelles. Leur expérience et leur connaissance de l'anatomie féminine ne sont pas les seuls critères en leur faveur. Elles détiennent aussi les recettes, les formules magiques, et connaissent tous les rites appropriés pour protéger la future mère en travail. Au Bénin, la matrone bariba aura l'œil exercé pour détecter le moindre signe annonciateur de l'arrivée d'un enfant sorcier qui viendrait attaquer à mort la parturiente. En effet, la naissance est le moment privilégié choisi par un esprit nuisible pour arriver sur Terre. En Côte-d'Ivoire, la matrone aura apporté avec elle l'amulette qui protégera la future mère pendant le travail, comme l'évoque Suzy, une Agni : « Dès le début des contractions, la sage-femme entoure la taille de la future maman avec un *afilé*. C'est un grand collier de perles de différentes couleurs. Même si la femme va accoucher à l'hôpital, elle met cette protection autour du ventre. On le garde en place pendant toute la durée de l'accouchement et on le retire après la naissance. »

En Malaisie, la sage-femme s'assurera qu'un ananas couvert de piquants est placé sous la maison afin de protéger femme et enfant des terribles esprits de la terre. Ceux-ci sont en effet attirés par le doux sang de l'accouchement qui s'égoutte sur la terre à travers les lames du parquet de l'habitation sur pilotis. Pour une double sécurité, une autre marque de dissuasion sera répandue sur le sol et aux quatre points cardinaux : c'est un mélange de riz, de sel, de safran et de tamarin. Cette mixture signale aux esprits que les personnes qui habitent la maison sont vigilantes et conscientes de leur présence. Dans cette région, le riz est un élément qui revient pratiquement dans tous les actes magiques. Symbole de l'agriculteur, il représente le contrôle de l'Univers et de l'homme sur les forces surnaturelles. Le safran et le tamarin sont appréciés pour leur couleur jaune, associée à la royauté. Tous ceux qui gouvernent les États de Malaisie sont considérés comme descendants du roi Salomon qui a vaincu le génie, et ils sont supposés avoir hérité de son pouvoir magique. La couleur royale est donc utilisée par les sujets du royaume contre tout esprit malveillant. Enfin, le sel, élément utilisé en magie dans d'autres cultures, protège l'utilisateur de la déchéance.

Au Cambodge, la chambre de la future mère doit

également être protégée, mais cette tâche est laissée à un spécialiste de la magie : le *gru*. Il trace des croix à la chaux blanche sur les murs et les portes. Il suspend des épines au-dessus de la porte, ainsi que sur le sol, à l'endroit où le sang de l'accouchement va tomber. Les rites mis en place par le *gru* servent à maîtriser l'ennemi surnaturel le plus redouté par les femmes en travail dans cette région du monde : « L'esprit féminin de la chambre d'accouchement. » Il s'agit de l'esprit d'une femme morte en couches qui revient se venger en faisant subir le même sort à une autre femme. En Inde, pour protéger la future mère, on fera attention de ne pas mettre le lit sur lequel elle va accoucher sous la poutre centrale de la maison car, selon une croyance hindoue, c'est ici que se tient le dieu de la mort. Ce dernier vivant aussi au sud, on évitera de disposer le lit face à ce point cardinal.

En Mongolie, on masse le ventre de la future maman avec une patte d'ours séchée. La puissance de cet animal viendra renforcer l'énergie de la jeune femme qui mettra son enfant au monde plus vite et sans douleur. Dans ce même pays, on conseille aussi d'avaler un peu de beurre pour bien faire glisser le bébé. Nicole, une Ivoirienne, a un autre procédé magique pour faire venir le bébé : « Dans ma famille nous avons toutes accouché très vite grâce à une boule magique que fabrique la maman. Blanche, à base de plantes, elle doit être tournée trois fois au-dessus du ventre dans la dernière phase de l'accouchement et trois fois autour de la tête. La sage-femme la pose ensuite sur le ventre en traçant une ligne de haut en bas puis elle nous la place dans la main et on la lape trois fois. Hé bien croyez-le, ça a marché pour toute la famille : le bébé arrive dans les minutes qui suivent ! »

La sage-femme javanaise peut demander l'aide protectrice du futur père. Elle lui donnera à mâcher des herbes dont il fera une pâte qu'il crachera sur la tête de sa compagne en guise de protection. Le futur père éwé, au Togo, ne participe pas à l'accouchement, mais, pendant son déroulement, il se rend, avec d'autres membres de sa famille, au sanctuaire familial pour demander aux ancêtres d'aider sa femme dans ce moment difficile et de la protéger. Du vin de palme est offert aux ancêtres à la fin de la prière. Des quartiers de noix de cola seront jetés pour connaître l'issue de l'accouchement. Si la position des noix de cola est de mauvais augure, le futur père court demander de l'aide chez le devin. Celui-ci peut alors déceler une dispute qui a opposé la future mère à une autre personne qui lui en garde rancœur. Si l'on veut que l'accouchement se passe sans difficultés, on devra procéder rapidement au rite suivant : on amène à l'accouchée la personne offensée qui prendra de l'eau dans sa bouche pour la recracher sur la future mère à trois reprises, signe qu'elle lui a pardonné.

Il est évident que de nombreuses populations font appel à l'aide divine dans un moment aussi important que la naissance. Les musulmans invoquent Allah ou le prophète Mahomet. Les catholiques se mettent sous la protection de Dieu et font le signe de la croix. On peut déposer sur le ventre de la future mère un chapelet ou une médaille de la Sainte Vierge ou d'autres saints, dont la plus réputée en la matière semble être en France sainte Marguerite.

En cas d'accouchement difficile

Lorsque des difficultés surviennent au moment de l'accouchement, on fait appel aux méthodes ancestrales qui sont jugées les plus efficaces.

Universellement utilisées par les femmes, les recettes sont d'un nombre infini. Celles des Jörais, au Vietnam, sont à base de décoctions de tubercules ou de racines. La sage-femme couvre la future mère d'une couverture pour que la chaleur active les bienfaits de la médecine. En Équateur, la femme cayapa devra boire une boisson chaude à base de rhum mélangé à du soufre. Au Guatemala, la préparation que la sage-femme offre à la future mère sera également à base de liqueur dans laquelle on aura ajouté une infusion de plantes épicées. Elle est censée agir sur l'utérus pour accélérer les contractions si le travail est un peu long. En Afrique, les plantes sont également utilisées : « Pour mon premier enfant, j'ai accouché chez moi, en Angola. Comme toutes les autres femmes, pour éviter toute complication à la naissance, j'ai avalé un liquide dans lequel avaient macéré plusieurs plantes. C'est la sage-femme qui l'avait préparé et ça a été efficace, mais je ne sais pas du tout de quelles plantes il s'agissait », regrette Alphonsina. Au Mexique, toutes les boissons que la parturiente avalera seront obligatoirement chaudes. Celle qui est jugée la plus efficace est composée de l'infusion d'une plante nommée *Porophyllum gracile*. Les Seris disent que son effet est radical, car l'odeur en est si repoussante que l'enfant s'empresse de sortir... En cas de contractions trop faibles, les Mexicaines cassent un œuf cru et le font avaler. La future maman, écœurée, le rejette aussitôt, et ce haut-le-cœur entraîne, paraît-il, de fortes contractions utérines. En Turquie, l'œuf est utilisé dans le même but, mais d'une manière très différente : la coquille est écrasée dans un verre et mélangée à une boisson (thé ou café) que la future mère avalera. On espère ainsi que le bébé apparaîtra bientôt, tel le poussin hors de sa coquille.

On fait encore appel à l'aide divine : les futures mères musulmanes boiront l'eau ayant servi à effacer des versets du Coran inscrits à la craie sur une ardoise. Une coutume proche se pratiquait encore en Europe occidentale au début du siècle : on faisait avaler à la femme en couches une image de la Vierge ou d'un autre saint.

L'OUVERTURE SYMBOLIQUE

À Taïwan, en cas de difficulté, c'est le futur papa qui devra agir. Pour « libérer » son bébé qui n'arrive pas à sortir, il devra se dépêcher d'arracher tous les clous que lui ou sa femme auraient plantés lors de la grossesse. En outre, il devra détruire toutes les clôtures installées durant ces derniers mois. En Inde, si une future maman souffre trop longtemps des douleurs de l'accouchement, on brise alors l'ouverture de la jarre contenant les céréales. On souhaite, par ce geste, que les grains qui s'écoulent librement donnent à l'enfant l'envie de venir au plus vite. Une autre coutume indienne veut que, si l'on dépose une fleur de lotus dans l'eau, l'utérus s'ouvrira, comme s'ouvrent les pétales de la fleur. En Turquie, une potion magique est très répandue : de l'eau dans laquelle a trempé une rose de Jéricho séchée. Cette plante, qui s'épanouit au contact de l'eau, symbolise le col de l'utérus qui s'ouvre. Aux Comores, l'analogie concerne la banane que l'on pèle d'autant plus facilement lorsqu'elle est à terme. Ainsi les femmes gardent de côté des bananes mûres lorsque l'accouchement commence. Si le bébé tarde à venir, elles enlèvent les peaux des fruits et les déposent sur le ventre de la future maman pour signifier que col est mûr lui aussi et que le bébé peut sortir.

LES MASSAGES

Le massage, on l'a vu, est une méthode très employée, surtout lorsqu'il y a un problème lors de l'accouchement. La sage-femme masse le ventre à mains nues, mais elle peut rajouter différents ingrédients, comme le fait l'accoucheuse maya du Guatemala qui se sert de jus de tabac ou d'un oignon. En France, autrefois, la matrone effectuait aussi des massages répétés sur le ventre, mais également sur la vulve à l'aide d'un produit gras (huile ou graisse ou beurre). Des coups étaient même donnés dans le dos de la future mère, afin d'ébranler l'enfant. L'accoucheuse yami de Taïwan se sert, quant à elle, d'huile de porc. Au Bénin, on s'aidera de potions magiques : « C'est la sage-femme qui prépare l'infusion. Elle la verse ensuite sur le ventre de la future mère puis la masse avec ce produit tout en prononçant des invocations », commente Siaka, une Wéménou. Si, en règle générale, c'est la sage-femme qui effectue les massages pendant le travail, c'est le futur père baluba, au Zaïre, qui frottera tout le corps de sa femme s'il survient la moindre complication pendant la naissance. Il est vrai que la poudre blanche dont il va recouvrir sa femme est d'une grande importance : c'est du kaolin, provenant du vase consacré à l'esprit de la famille.

LES PRATIQUES D'URGENCE

Mais si l'accouchement prend une tournure inquiétante, la sage-femme fera alors appel au guérisseur du village : le marabout dans les pays africains ou musulmans, le chaman sur les continents américain et asiatique. Lui seul a le pouvoir de parler aux esprits, de les maîtriser ou de les éloigner. Ce personnage, toujours masculin, ne sera en revanche jamais présent lors de la délivrance. Chez les Seris du Mexique, il quittera la salle juste avant l'expulsion du bébé. Chez les Touaregs d'Algérie, il donnera toujours ses conseils depuis l'extérieur de la tente sans jamais y pénétrer. Chez les Indiens txikaos, du Brésil, les chamans peuvent chanter des chants destinés aux esprits pour que la naissance soit réussie. Nous avons vu plus haut que la future mère cambodgienne pouvait être attaquée par un esprit féminin, la *bray*. Lorsque l'accouchement se passe mal, on craint que l'esprit maléfique ait pris possession d'elle malgré tous les rituels de protection mis en place. Plusieurs signes décelés par la sage-femme en témoignent : la future mère délire, perd le contrôle d'elle-même. Le recours au sorcier est alors vital. Il viendra murmurer des incantations et effectuera quelques crachements magiques. S'il n'arrive pas à maîtriser la *bray*, la future mère est condamnée à la mort. Elle deviendra alors à son tour une *bray*, qui cherchera à attaquer d'autres femmes en couches. Une femme qui viendrait à mourir pendant son accouchement n'a pas droit à des obsèques traditionnelles.

L'ENFANT RESPONSABLE

Nous allons voir, dans les exemples ci-après, que l'enfant peut aussi être considéré comme ayant sa part de responsabilité dans les difficultés liées à sa naissance.

En Angola, la sage-femme fera appel à cinq vieux sages pour aider la future mère dans les moments les plus critiques. Ils uniront leurs pouvoirs afin d'implorer les puissances surnaturelles. L'un d'entre eux aura une partie délicate à accomplir : il tentera de communiquer avec le bébé à travers le ventre de sa mère, pour le prier de bien vouloir sortir. Dans ce pays, l'enfant *in utero* est déjà jugé comme une personne responsable et apte à raisonner. Ces cinq sages peuvent aussi être accompagnés par un enfant de sept ans qu'ils ont initié. Cet « enfant de lumière » est réputé protéger la femme contre toute force occulte.

Si l'accouchement se prolonge un peu trop, les Esquimaux ont trouvé une autre explication : ils pensent que l'enfant est dégoûté par la saleté de la maison ou celle de la sage-femme… On craint, chez les Inuits, que l'enfant qui a eu des difficultés à venir au monde vive aux dépens des habitants, contrairement à l'enfant qui naît facilement qui sera, croit-on, une personne vigoureuse, vaillante et maligne.

Chez les Bantous d'Afrique, on pense que les personnes qui sont venues porter leur aide à la future mère doivent se déshabiller intégralement. Cette nudité, semblable à celle du petit, l'incitera à venir plus vite.

En Malaisie, pour faire venir un enfant lors d'un accouchement difficile, la sage-femme émettra un son semblable à celui que l'on fait pour appeler les poulets. Ce son est fait pour attirer l'âme de l'enfant. Une fois que l'âme sera là, l'enfant apparaîtra, puisque le corps suit partout l'âme selon les croyances de cette région. Le poulet, qui est le volatile le plus répandu, est d'ailleurs très souvent utilisé pendant les cérémonies rituelles.

LA FUTURE MÈRE COUPABLE

D'autres ethnies vont rendre la future mère coupable si elle a du mal à accoucher. Par exemple, en milieu rural tahitien, on prétend que la mère, peut-être, ne souhaite pas réellement enfanter. La même idée sera exprimée si le bébé meurt à la naissance. Chez les Tins Damas de Nouvelle-Guinée, la femme en proie à des couches laborieuses est nécessairement enceinte d'un enfant dangereux pour la société. On pense que les difficultés rencontrées lors de l'accouchement sont le signe que les esprits luttent pour que cet enfant ne naisse pas et que la communauté soit sauvée. Après avoir subi les souffrances de l'accouchement, la future mère va alors subir bien pire : elle sera étouffée et jetée dans les marais où elle se transformera, dit-on, en serpent.

Dans d'autres régions, si la femme a des difficultés à faire naître son enfant, on supposera qu'elle n'est pas en paix avec sa conscience et, pour faciliter la délivrance, elle devra demander pardon aux personnes qu'elle aurait pu blesser. La femme javanaise demande pardon à son mari, puisqu'il est généralement présent lors de l'accouchement. Ce rite, qui a pour but de soulager la future mère de ses tensions, de lui apporter la paix intérieure et ainsi de faciliter le processus physiologique de la naissance, se retrouve en Guinée chez les Soussous. C'est la matrone la plus âgée du village qui questionne la future mère le jour même de l'accouchement, afin d'écarter toute puissance surnaturelle et donner une issue favorable à l'accouchement. La femme en couches devra également confesser ses éventuelles relations extraconjugales. Pour effacer sa faute, les sages-femmes verseront alors de l'eau sur le seuil de la case et garderont secret le nom du ou des amants… « Cette coutume est courante dans notre pays, confie Alphonsina, une Angolaise. On doit avouer tout ce que l'on a fait de mal pendant la grossesse, surtout si on a trompé son mari. Si on ne le fait pas, on souffre beaucoup pendant l'accouchement. »

Chez les Balubas du Zaïre, on s'interroge aussi sur les infidélités conjugales que la femme aurait pu commettre. Elle devra confesser sa mauvaise conduite devant son époux ou devant son père. On fera également venir son amant, pour lui confisquer un objet qui sera gardé comme gage. En effet, si l'accouchement tourne mal, il en sera tenu responsable et devra payer un dédommagement. Au Sénégal, les matrones diolas émettront des doutes sur la conduite de la femme qui souffre en couches. Les causes supposées entraver la naissance sont l'infidélité, l'offense, la tentative d'avortement ou tout autre interdit transgressé. Pour lui faire avouer sa faute, les matrones n'hésiteront pas à l'injurier et même à la frapper brutalement. La femme, accusée de tous les maux, se retrouvera seule face à ses souffrances pendant que les femmes du village se réuniront pour chanter des prières à son endroit. En Afrique, la raison souvent invoquée pour interpréter les dystocies reste l'adultère. Selon les ethnies, les femmes sont abandonnées ou châtiées. Ces punitions infligées aux femmes augmentent grandement les risques de mortalité. Le temps passé à faire avouer la jeune femme est un temps précieux qui lui est parfois fatal. Le transfert vers un centre médical est souvent fait trop tard. Ce retard est la première cause de mortalité maternelle et infantile en Afrique (47 % des cas, *Ivoir'Soir*, 18 mai 1992).

CHAPITRE XIX

La section du cordon ombilical

Le métal protecteur

Compte tenu des vertus protectrices accordées par les Africains au métal en général, il n'est pas étonnant de le retrouver sur ce continent lors du moment symbolique que représente la séparation de la mère et de l'enfant. Presque toutes les Africaines coupent le cordon ombilical avec un couteau, une lame de rasoir ou une paire de ciseaux. Le couteau est plus couramment utilisé. Ce sera le couteau de circoncision chez les Tshokwés d'Angola. Celui de la sage-femme ivoirienne sera précieusement caché dans un endroit connu d'elle seule. Après avoir tranché le cordon, elle y trempera un doigt pour déposer quelques gouttes de sang dans la bouche de l'enfant. Cette coutume permettrait au nouveau-né de mieux reprendre sa respiration. Au Mali, la sage-femme dogon ne passera jamais la main au-dessus de la tête de l'enfant lorsqu'elle coupe le cordon. Ce geste néfaste ferait loucher l'enfant pour toujours. Parfois, le père participe : chez les Agnis de Côte-d'Ivoire, c'est le couteau qu'il aura apporté qui sera seul utilisé. Chez les Bassaris, un tiers des hommes coupent eux-mêmes le cordon, et près de la moitié le nouent.

Dans le Sud tunisien ou au Sénégal, chez les Peuls

et les Boïns, on préfère utiliser une lame de rasoir. Cet outil sera également employé au Soudan, après avoir brûlé le cordon avec de la braise dans le but de prévenir toute hémorragie pour l'enfant. Au Maroc, la sage-femme traditionnelle ligature le cordon avec un fil, de préférence rouge, avant de le couper avec une paire de ciseaux. En Égypte, on se servira plutôt d'un fil blanc qui est symbole de pureté. Jamais d'un fil noir qui serait un mauvais présage pour le bébé. En Turquie, la paire de ciseaux devra être neuve. Elle sera placée ensuite sous l'oreiller du bébé et elle servira de protection contre les maléfices éventuels. La matrone prendra également soin de couper le cordon suffisamment long, afin de garantir une belle voix à l'enfant. En Indonésie, sur l'île de Selaru, cette même pratique impliquerait une vie plus longue pour l'enfant.

Le bambou ou la céramique

Dans certaines parties du monde, le métal sera évité, comme en Asie, par exemple, où on lui préférera le bambou. Chez les Yamis, à Taïwan, la future mère aura elle-même taillé la lame de bambou pendant le neuvième mois de sa grossesse. En Malaisie, la section du cordon est un acte décisif : l'âme de l'enfant se forme à cet instant précis. Cette âme, nommée *semangat*, aurait la particularité de garder fermées toutes les extrémités du corps, autant d'endroits vulnérables pour l'entrée des esprits malfaisants. Il est admis que le *semangat*, élément surnaturel, serait effrayé à la vue du métal. On emploie donc un couteau en bambou car, si le *semangat* quittait le corps, le bébé serait accessible aux intrusions des esprits maléfiques et il tomberait fatalement malade. Au Vietnam, une autre raison est invoquée pour interdire l'usage du métal lorsque la sage-femme coupe le cordon ombilical : on dit que cela rendrait l'enfant sourd. On se sert donc d'une lame de bambou ou d'un tesson de bouteille ou de porcelaine de Chine. À Java, cette tâche, jugée délicate, est laissée à la sage-femme traditionnelle qui est seule, dit-on, à détenir les secrets pour sectionner le cordon d'une manière propre et efficace avec son propre couteau de bambou. D'autres pratiques originales ont été relevées, comme l'utilisation d'une faucille pour couper le cordon chez les Tharus, au Népal, d'un coquillage chez les Inuits.

Le métal est également rejeté en Amérique du Sud. Par exemple dans les Andes péruviennes, on lui préférera un tesson en céramique pour couper le cordon. On juge en effet que l'utilisation du métal rendrait l'enfant paresseux et sans soin. Un lien très fort relie alors le bébé à la personne qui a effectué cet acte, et elle en sera la marraine. Auparavant, tout un rite est lié au fil qui aura servi à la ligature. Un lien en laine de mouton sera en effet filé à l'avance par une parente ou une voisine, sur le ventre même de la future mère. Chez les Txikaos, au Brésil, c'est une parente, en général la grand-mère, qui coupe le cordon avec un éclat de bambou. Dans ce même pays, chez les Suraras et les Pakidais, trois femmes s'activent autour du cordon ombilical : deux d'entre elles le ligaturent avec, chacune, un fil de coton, puis la troisième le coupe avec les dents. Cette nombreuse assistance ne se verra pas chez les Wahgis de Nouvelle-Guinée. Dans cette région, la mère accouche seule et coupera elle-même le cordon ombilical qui la relie à son enfant…

La cicatrisation ombilicale

Une cicatrisation rapide est de mise dans les régions étudiées. Le plus souvent, l'enfant ne sera présenté à la communauté qu'après la chute du cordon. En Nouvelle-Guinée, le père wahgi s'abstiendra même de voir son enfant pendant plusieurs jours, celui-ci étant jugé trop sale et trop laid avec cette boursouflure sur le ventre. À l'inverse, le père bakoué, en Côte-d'Ivoire, sera le premier à visiter l'enfant. Mais on prendra soin de recouvrir le nombril du bébé avec une feuille, pour le dissimuler à la vue de son père.

Pour hâter la cicatrisation, chaque société revendique ses propres recettes. Au Maghreb, on déposera du khôl ou du henné tous les jours sur le cordon noué, jusqu'à ce que celui-ci finisse par tomber. Quelques gouttes de sève de certaines plantes seront utilisées en Afrique, chez les Kissis. Au Sénégal, on pourra appliquer de la sève ou de l'écorce mâchée de figuier. Sur l'île de Selaru, en Indonésie, une cicatrisation rapide de la ligature sera également due à des plantes. Dans cette région, on est persuadé que l'enfant hésite encore entre deux mondes tant que son cordon n'est pas tombé. Le monde des morts le réclame avec insistance et le bébé peut encore basculer dans l'au-delà. Au nord du Cameroun, le cordon est pincé dans une tige de roseau fendue, et on pense que la cicatrice sera plus rapide chez les garçons : elle est estimée à trois jours, contre quatre jours pour les filles. À Java, la sage-femme frictionnera l'ombilic avec du safran, plante qui permet de préserver la vie du bébé et possède, dit-on, des vertus protectrices. « Au Cap-Vert, on utilise du tabac, confie Dominga. On le dépose sur le cordon avant qu'il ne sèche. La cicatrisation se fait plus rapidement, et, grâce à cette pratique, le bébé aura moins de maux de ventre. » Chez les Dogons du Mali, on graissera l'ombilic avec du beurre de karité.

Les Tshokwés d'Angola préféreront de la farine de manioc imbibée de salive. Les Jörais, au Vietnam, appliquent une recette spécifique pour que la blessure cicatrise plus vite : on la recouvre du jus d'une araignée fraîchement écrasée… Une autre solution consiste à saupoudrer la plaie avec de la cendre issue d'une tige de tabac. Aux Comores, la cendre utilisée proviendra d'une tige de maïs ou bien d'une noix de coco consumée. Au Bangladesh, on applique de la cendre de certaines plantes ainsi que de la bouse de vache.

Pour de nombreux pays, on le voit, les mesures élémentaires d'hygiène ne sont malheureusement pas toujours respectées. La section du cordon (effectuée parfois avec des lames souillées), voire la pratique de certains soins entraînent un taux élevé de tétanos chez les nouveau-nés. Au Bangladesh, cette maladie demeure la principale cause de mortalité néonatale (*Forum mondial de la santé*, volume 13, 1992). Mais bien d'autres pays sont touchés. Selon les estimations de l'OMS en 1995, il y aurait quatre cent trente-huit mille cas de tétanos néonatal dans les pays en développement, dont plus de la moitié se trouvent en Chine, Nigeria, Pakistan, Inde, Indonésie et Bangladesh.

CHAPITRE XX

La symbolique du cordon

Le cordon devient très vite l'objet de rites spécifiques après qu'il s'est séparé du corps de l'enfant. La coutume doit être scrupuleusement respectée, sous peine d'un grand malheur. En Équateur, les Cayapas sont persuadés qu'un esprit malveillant cherche à se procurer les bouts de cordon pour les transformer en bête féroce, une bête qui tuerait les gens. Aussi faut-il que la sage-femme enterre le cordon sous la maison dans les deux heures qui suivent l'accouchement. Si la jeune maman succombe à une hémorragie, c'est que le cordon n'est pas bien enterré. En Inde, il doit être enseveli à la verticale afin que Vishnou puisse l'attraper aisément et tirer l'enfant vers le paradis. On pense également que le cordon recèle un poison qui protège le nouveau-né mais contamine les autres personnes qui pourraient le toucher. Ce n'est apparemment pas l'avis des Agnis de Côte-d'Ivoire. Cette ethnie croit en effet qu'il ne faut jamais montrer le moindre bout de son cordon à un nouveau-né, sinon il tomberait très malade, et, même, mourrait.

Le cordon nourricier

Le bout desséché du cordon ombilical va continuer sa fonction première, comme au moment où il apportait au fœtus oxygène et nourriture. En effet, ce cordon mort va souvent être enterré avec un plant d'arbre, un arbre qui grandira en même temps que le bébé. L'enfant le recevra d'ailleurs en héritage à l'âge adulte. On pense que la santé de l'enfant est liée à l'état de cet arbre. Celui-ci sera donc entouré de soins attentifs pour que l'enfant ne tombe pas malade.

En Guinée-Conakry, c'est une noix de kola qui sera mise en terre avec le cordon. On espère que le futur arbre portera plus tard de nombreux fruits, car l'argent de la vente de ces noix sera ensuite reversé à l'enfant pour lui permettre de bien démarrer dans la vie. Dans d'autres pays africains, on choisira de planter un avocatier, un palmier ou encore un cocotier. « Moi, j'ai choisi de l'enfouir dans la terre d'un cocotier, annonce Marie, une Haïtienne, mais on peut choisir de planter le fruit que l'on veut. Après on peut dire à l'enfant : "C'est le cocotier de ta naissance." » Parfois, le cordon est enterré au pied d'un arbre déjà planté dans le champ familial. C'est le cas chez les Wéménous, au Bénin. Le père sélectionne le meilleur palmier que l'on nomme « palmier du cordon ombilical ». En Côte-d'Ivoire, le cordon desséché est simplement jeté sur les branches du palmier adopté. À Java, c'est la grand-mère maternelle nanumaga qui enfouit le cordon dans la terre qui reviendra à l'enfant lors de sa majorité. Elle y ajoute cinq pousses de noix de coco. Comme dans les autres pays, l'endroit n'est pas marqué, mais chacun sait sous quel arbre est enterré son bout de cordon.

Le cordon porte-bonheur

Le cordon séché peut également être utilisé en tant qu'amulette pour le nouveau-né. Il sera alors placé dans un petit sachet accroché autour du cou de l'enfant en Inde, ou chez les Seris du Mexique. Les Inuits croient également aux bienfaits du cordon et le remettront à l'enfant quand il sera plus grand. En Turquie, on prendra soin de cacher précieusement ce sachet à l'intérieur de la maison. On croit ainsi que l'enfant sera attaché à son foyer lorsqu'il sera marié et qu'il s'occupera bien de sa famille. « En Algérie, on le garde aussi précieusement, déclare Soraya, et on le montre à l'enfant quand il a atteint sa septième année. On dit ainsi que l'enfant se rappellera toujours son enfance et qu'il n'oubliera jamais sa religion. » Au japon, on garde précieusement le cordon comme porte-bonheur. C'est une coutume qui se respecte même en milieu hospitalier : l'équipe remet toujours à la maman le cordon accompagné des bouts d'ongle qui ont été coupés au bébé. Au Guatemala, on suspendra le cordon ombilical d'une petite fille dans la cuisine, car ainsi, croit-on, elle deviendra une bonne ménagère. Si c'est un garçon, il sera accroché à la branche d'un arbre pour que l'enfant devienne grand et fort. En Afrique, plusieurs ethnies accrochent le bout du cordon à une poutre ou au-dessus de la porte d'entrée afin de préserver l'enfant et la famille de toute intrusion surnaturelle néfaste.

Le cordon guérisseur

Certaines ethnies jettent le bout du cordon ombilical dans l'eau afin de transmettre à l'enfant le pouvoir de guérison par l'eau. Ainsi, en Égypte, ce sera dans l'eau du Nil. Lorsque l'enfant se blessera, on lui lavera très vite sa plaie à l'eau et ainsi, croit-on, elle cicatrisera plus rapidement. Dans l'île de Selaru, en Indonésie, c'est l'oncle maternel qui possède ce petit lien magique. Il le garde précieusement chez lui mais le sortira de sa cachette dès que l'enfant aura une forte fièvre. On croit, en effet, que la fièvre tombera si l'oncle passe le cordon sous l'eau froide. « Dans les îles du Cap-Vert, ce sont les maux de ventre de l'enfant que l'on peut guérir avec le cordon, affirme Dominga. Chaque fois que le bébé a mal, on fait chauffer de l'eau et on trempe le cordon dedans. On fait ensuite boire cette eau chaude à l'enfant et la douleur disparaît. »

La consommation du cordon

Plus rarement, le cordon pourra être consommé. Dans le nord du Vietnam, des petits bouts du cordon ombilical seront ajoutés à du thé que l'on fera avaler à l'enfant jusqu'à l'âge d'un an pour soigner les coliques. Dans le sud du pays, les bouts de cordon de tous les enfants sont broyés et mélangés à un plat que l'on offre à la famille proche. Ce repas aurait le pouvoir de cimenter l'alliance familiale. Une coutume similaire se retrouve en Angola, chez les Kassemblés. Le cordon ombilical est ingéré par les parents et les grands-parents du père de l'enfant afin de renforcer les liens qui les unissent pour la vie au nouveau-né.

CHAPITRE XXI

Le pouvoir du placenta

Les sociétés traditionnelles accordent au placenta un pouvoir surnaturel qu'elles tenteront de maîtriser à l'aide de la terre, du feu et de l'eau.

Le placenta : frère du nouveau-né

Pour de nombreuses sociétés, il est commun de croire que le placenta expulsé est en quelque sorte le frère jumeau de l'enfant qui vient de naître. On pense que le séjour passé dans le ventre maternel a établi entre eux un lien de parenté surnaturel qui se maintiendra pendant toute la vie de l'enfant. Il faudra pourtant que le bébé fasse le deuil de ce semblable qui sera enterré, tel un jumeau qui n'aurait pas survécu. Toutefois, la séparation physique n'anéantira pas la relation surnaturelle qui les unit. On croit, en effet, que le placenta va influencer la destinée de son compagnon prénatal. Aussi, les rites d'inhumation seront-ils scrupuleusement observés, afin que le « pouvoir » du placenta ne se retourne pas contre l'enfant.

Les Malais, par exemple, pensent que le placenta peut rendre le bébé de mauvaise humeur, voire malade. On l'appelle le « frère cadet », car il est sorti en deuxième position. La sage-femme lavera donc le placenta, le séchera et le déposera dans un panier où seront entreposés d'autres objets rituels. Le tout sera enterré par le père. Au Cambodge, on ne séparera pas immédiatement les deux compagnons. Le placenta reposera en effet près du bébé durant trois jours, soigneusement enveloppé dans une feuille de bananier après avoir été lavé et saupoudré de sel. Le père enterrera le précieux paquet dans un endroit proche de la maison. À Java, on pense que l'enfant *in utero* possède deux frères : le frère aîné serait l'esprit du liquide amniotique, et le frère cadet, le placenta. Ces deux esprits sont fréquemment invoqués lors des prières et des incantations, car ils sont susceptibles de protéger l'enfant toute sa vie. C'est en général la sage-femme qui pratiquera l'inhumation, mais si l'accouchement a lieu à l'hôpital, c'est le père qui rapporte lui-même le « frère cadet » pour le rite d'enfouissement. À Madagascar, la sage-femme zafimaniry prendra soin de ne regarder ni à gauche ni à droite lorsqu'elle enterrera le placenta, sinon l'enfant sera atteint de strabisme. D'autres formules magiques seront prononcées à ce moment précis, afin que le pouvoir de cet organe soit bien gardé et que l'enfant soit préservé des maladies. À Wargla (Sahara algérien), le placenta est imaginé comme une sœur de l'enfant. On pense que le fœtus mangeait chaque jour un morceau de cette sœur lorsqu'il séjournait au plus profond du sein maternel. Chez les Éwés du Togo, le lien de parenté qui unit le nouveau-né et le placenta est encore différent, puisque cet organe est appelé « mère de l'individu ». Il est d'ailleurs censé être de sexe féminin. Aussi l'enterrement ne pourra-t-il être effectué que par une femme du cercle familial.

L'identification à la terre natale

Si la notion de terre féconde et nourricière est mise en valeur lors des rites d'enfouissement du cordon ombilical, c'est le concept même d'attache au sol de naissance qui prédomine lors des pratiques associées à l'inhumation du placenta. Grande est la volonté d'identifier le nouveau-né à son groupe social, à sa culture. On pense qu'en enterrant le placenta dans la terre des ancêtres l'enfant restera attaché à ce sol et qu'il y reviendra toujours, même s'il était un jour obligé de s'éloigner de sa communauté. L'endroit choisi pour ensevelir le placenta est donc toujours situé près de la maison ou à l'intérieur même de l'habitation.

« On l'enterre toujours dans la pièce où on a accouché », atteste Dominga, une Cap-Verdienne. En milieu rural tahitien, un trou sera pratiqué dans le sol de la maison, dans un endroit où l'on est certain qu'aucune personne ne viendra allumer de feu, car, dit-on, un feu porté au-dessus du lieu d'inhumation rendrait aveugles toutes les personnes présentes dans la maison. Au Togo, le placenta d'un premier enfant sera apporté à l'oncle maternel kabiyé. La tradition veut que ce soit le frère de la nouvelle maman qui gère les affaires de son neveu ou de sa nièce. C'est donc chez lui que sera enterré le placenta du premier-né, marquant ainsi l'emplacement officiel des racines de l'enfant. Les Yamis, à Taïwan, déposeront le placenta sous les lattes du plancher de la maison natale, dans un trou qui ne devra pas être trop profond, sinon les dents du petit auront du mal à percer.

Ailleurs, le placenta est le plus souvent enseveli profondément. On craint en effet qu'un sorcier ou tout autre être malfaisant vienne le déterrer et puisse s'en servir pour rendre l'enfant malade ou le faire dépérir. « On fait très attention lorsqu'on enterre le placenta, raconte Maïmouna, une Bambara du Sénégal. On regarde bien si personne ne rôde autour de la maison. Si un ennemi trouve le placenta, il peut faire du mal à l'enfant et même à sa maman, car le placenta sort directement de son ventre. On doit aussi prendre garde à l'ensevelir face maternelle vers le haut, sinon la mère n'aura plus jamais d'enfant. »

Souvent on tente de ruser en camouflant l'emplacement avec de la terre battue (chez les Zoulous, en Afrique du Sud, et les Bassaris du Sénégal), du fumier (chez les Dogons du Mali), et même des ordures ménagères (en Inde, ou bien encore chez les Agnis de Côte-d'Ivoire). Cette coutume a également l'avantage d'éviter que le placenta soit déterré par des animaux. Si le placenta venait à être mangé par un animal quelconque, l'enfant en souffrirait, ou prendrait les traits de la bête. Cette croyance perdure en Turquie où l'emplacement d'enfouissement est soigneusement choisi. On évitera en règle générale tout endroit trop fréquenté. Chez les Seris du Mexique, on craint par-dessus tout que les coyotes viennent localiser la cachette. Pour déjouer leur recherche, on dépose des cendres sur l'emplacement. En Casamance, au Sénégal, c'est pendant la nuit, à l'abri de tout regard, que sera accompli le rite d'enfouissement du placenta par les femmes diolas. Ailleurs, on l'enterre à un endroit facilement reconnaissable : au pied d'un palmier ou d'un bananier, au Zaïre ; sous un figuier en Turquie et en Kabylie. On retrouve cette coutume en France : en Alsace, par exemple, on enterrait le placenta des petites filles sous un rosier afin qu'elles aient un joli teint et celui des garçons sous un chêne pour qu'ils deviennent forts. En Anjou, le rosier choisi comme lieu d'enfouissement avait également la réputation d'assurer une belle voix à l'enfant. Exception enfin chez les

Bakoués de Côte-d'Ivoire, la tradition interdit d'enterrer une partie du corps d'un être vivant, le placenta ne sera donc pas enfoui. Mais il sera quand même intégré à la plantation natale, puisque le père le déposera entre les racines d'un arbre.

Le retour au milieu liquide

L'eau qui irrigue la terre est toujours symbole de vie. Il n'est donc pas étonnant que plusieurs ethnies aient choisi de jeter le placenta dans cet élément ou même de l'enterrer à proximité. Bien entendu, on n'utilisera que l'eau qui coule sur la terre natale, c'est-à-dire l'espace social de la communauté. Alors l'enfant sera plus qu'attaché à la terre, il y sera ancré.

En Chine et à Taïwan, on enfouit le placenta tout près de la rivière du village. Si celle-ci n'est pas profonde, on l'ensevelit dans le lit de ce cours d'eau. Il y a quelque temps, les Wayanas de Guyane attachaient cette membrane à une pierre et jetaient le tout dans la rivière afin qu'elle s'enfonce au plus profond des eaux. Ce « petit frère » était alors offert aux « esprits des eaux » pour préserver la vie du nouveau-né. De nos jours, les Wayanas se contentent d'enterrer le placenta. À Java, le père nanumaga choisit d'enfouir le placenta sur la plage, dans l'espoir qu'il sera emporté plus tard par la mer. Ailleurs, on tente de replonger le placenta dans son élément premier en l'enterrant dans un endroit humide évoquant le liquide amniotique. Ainsi, au Sénégal, les Boïns et les Peuls choisissent-ils la douche pour inhumer le placenta. Pour les Wéménous du Bénin, c'est la douche de la mère qui est le lieu d'inhumation préféré. D'ailleurs, c'est celle-ci qui accomplira ce rite, car si l'enfant ou le père apercevaient le placenta, ils perdraient immanquablement la vie. Cette membrane sera toujours enterrée face maternelle au-dessus et enveloppée de feuilles aux vertus bénéfiques pour éloigner les esprits malfaisants. La même pratique est en vigueur chez les Éwés du Togo, mais la face maternelle sera tournée vers le bas et la femme ajoutera dans le trou une éponge en fibres végétales. Au Sénégal, c'est le père bassari qui s'occupe du rite d'inhumation. Il enterre le placenta, puis le surmonte d'une pierre et de terre qu'il aura au préalable humectée d'eau. Au Mali, la pierre qui recouvre l'emplacement sera quotidiennement arrosée par l'eau de toilette du nouveau-né. Les Minyankas pensent que cette coutume préserve la vie de l'enfant.

La destruction par le feu

Le placenta est brûlé peu de temps après l'expulsion dans de nombreuses régions d'Amérique du Sud. Les Mayas du Guatemala ne sortent jamais les cendres de cette membrane avant la fin de la réclusion postnatale. Son pouvoir serait encore vivace dans les cendres mêmes, ce qui risquerait de provoquer un accident, voire un meurtre dans la communauté. On attend donc sagement les trois semaines d'isolement pour enfin enterrer les cendres redoutées. Mais, avant de brûler le placenta, il peut être utile si d'aventure le nouveau-né est souffrant. La technique employée consiste à chauffer le placenta au-dessus du foyer, communiquant ainsi la chaleur à l'enfant qui sera ainsi réanimé. Dans les Andes péruviennes, on croit que le froid peut passer du placenta à la mère et qu'elle peut en mourir. Aussi est-il obligatoire de brûler l'organe transmetteur entre deux rochers afin de le neutraliser. Dans l'île de la

Réunion, le placenta peut également être brûlé pour éviter tout risque de manipulation par sorcellerie. On retrouve cette pratique en Corée. Le placenta est habituellement brûlé sur un versant de montagne. Mais, si l'on désire de nouveaux enfants, on le fera brûler sous l'avant-toit de la maison. Les cendres, elles, seront toujours éparpillées aux quatre vents ou dans une rivière.

Lorsque le feu s'allie au minéral, il crée le métal, le fer par exemple. Les Turcs d'Anatolie vont utiliser ce fer pour « tuer » le placenta dès la naissance. Si on n'arrivait pas à le neutraliser, il pourrait se métamorphoser en un être surnaturel, capable de venir se venger sur la mère ou son enfant en leur mangeant le foie, considéré comme le siège de la vie. En maîtrisant cet esprit, avec un couteau, on pense alors transformer le pouvoir du placenta en vertus bénéfiques.

Voilà comment, dans certaines sociétés traditionnelles, on tente de maîtriser cette membrane douée d'un pouvoir qui leur échappe. Il est aisé alors de comprendre le choc émotionnel et l'anéantissement de certaines femmes appartenant à ces différentes cultures qui accouchent dans les hôpitaux occidentaux lorsqu'elles apprennent que leur placenta leur a été « volé ». Avant, les placentas humains étaient collectés par différents laboratoires de l'industrie pharmaceutique et cosmétique. Maintenant ils sont jetés. Les femmes ont pourtant la possibilité de reprendre leur placenta. Elles doivent alors signer une décharge à l'établissement hospitalier. Mais la plupart ne le savent pas, comme en témoigne Suzy : « Je ne savais pas que c'était possible, sinon je l'aurais emporté. Chez nous, en Côte-d'Ivoire, chaque famille a un génie qui protège la famille. Alors, dans mon village, on enterre le placenta là où se trouve notre génie. Ainsi, il est à l'abri des maléfices, car c'est à l'aide du placenta que les sorciers attaquent les bébés. On lui dit aussi "Tu vois, je te rends le placenta. Fais en sorte que je puisse faire d'autres enfants, alors je te donnerai d'autres placentas." »

CHAPITRE XXII

La toilette du nouveau-né

La première toilette administrée au nouveau-né est primordiale et chargée de symbole. Chez les Bakoués de Côte-d'Ivoire, elle sera réalisée par une femme qui n'a pas d'enfant, afin qu'elle puisse devenir mère à son tour. Pour les Esquimaux, un lien très fort unit à jamais l'enfant et la femme qui lui a fait sa première toilette. À Taïwan, c'est le père yami qui apporte l'eau destinée au premier bain. La sage-femme lavera ensuite l'enfant et frottera son nez contre le sien en guise de bienvenue, car c'est ainsi que l'on s'embrasse dans cette région. Chez les Éwés du Togo, c'est la tante du bébé qui apporte l'eau. C'est également elle qui effectuera la première toilette. Avant de nettoyer l'enfant, elle fera couler un peu d'eau tiède sur l'anus ainsi que sur les parties génitales du nouveau-né. Ce rite permettrait à l'enfant d'être propre plus tôt et éviterait aussi la venue de petits êtres surnommés *jibis*, susceptibles de venir démanger le bébé sur cette partie de son anatomie. Les bébés soninkés, malinkés ou bambaras possèdent douze ouvertures du corps dont le nombril, l'anus, le nez et la bouche qui font l'objet de soins rigoureux au moment de la toilette. Ainsi, leur maman souffle dans plusieurs de ces orifices pour bien faire circuler l'énergie vitale partout dans le corps et chasser d'éventuels mauvais esprits.

Dans le golfe du Bénin, une coutume insolite consiste à laver l'enfant avec l'eau qui tombe du toit. On le place sous la gouttière, afin qu'il reçoive cette eau chargée, selon eux, du pouvoir de vie du ciel. Le nouveau-né tshokwé, d'Angola, sera baigné dans une infusion de plantes médicinales. Selon les pays, on parfume l'eau de la toilette par divers ingrédients : du thé en Mongolie, de la cardamome en Inde. L'enfant cafre d'Afrique du Sud, quant à lui, sera aspergé d'une décoction d'herbes après avoir été lavé avec de la bouse de vache. Des incisions seront même pratiquées sur son visage par un guérisseur, afin de bien faire pénétrer les médecines dans sa peau. Chez les Agnis, en Côte-d'Ivoire, le bébé sera lavé trois fois par jour avec trois éponges différentes. Cette coutume est respectée durant trois jours pour les garçons et quatre pour les filles.

Après avoir été nettoyé, le nouveau-né kanuri, au Nigeria, sera réchauffé par les mains toutes chaudes des femmes qui auront assisté à sa naissance. Pour ce faire, elles disposent leurs mains au-dessus d'un feu et les appliquent ensuite délicatement sur la peau du bébé.

Les secrets de beauté

Dès le premier jour de la naissance, on s'efforce un peu partout dans le monde de rendre son bébé le plus beau possible. Au Maghreb, les mères mettent du khôl dans les yeux de l'enfant pour qu'ils soient bien foncés et brillants. La couleur noire qui entoure l'œil possède en plus une fonction protectrice puisqu'elle repousse toute puissance surnaturelle néfaste. Parfois, du méconium peut être appliqué sur les sourcils pour accélérer la pousse. Au Mexique, les petites filles ont les oreilles percées avant leur première heure de vie. On pense qu'elles ne sentent rien à ce moment-là, alors que, quelques heures plus tard, elles souffriraient. Une aiguille, stérilisée à l'alcool, glisse un fil à travers les lobes. Ce fil sera retiré trois jours plus tard, quand la petite recevra ses premières boucles d'oreilles. En Égypte, la même pratique est observée au septième jour de vie du bébé, mais des boucles d'oreilles désinfectées peuvent être mises en place directement le lendemain de la naissance. En Inde, c'est toujours avant le sixième jour que l'on percera les oreilles ainsi que le nez de l'enfant. L'oreille gauche sera percée en premier chez les filles, la droite chez les garçons. En terre arctique, on pense qu'une fille deviendra encore plus jolie si on la nettoie le jour de sa naissance avec une peau de tamia. Dans cette région, ce petit écureuil est en effet très apprécié pour sa beauté. Pour le garçon, on préférera la peau d'un caribou mâle, afin qu'il devienne un bon chasseur.

D'autres coutumes sont pratiquées pour que l'enfant garde toujours une belle peau à l'odeur agréable. Par exemple, les Éwés, au Togo, vont s'évertuer à laver le bébé plusieurs fois par jour pendant un mois. Si ce rite n'était pas respecté, l'enfant garderait à jamais sur sa peau une saleté que rien ne pourrait enlever. En Turquie méridionale, quatre jours après la naissance, on trempe l'enfant pendant une journée complète dans de l'eau salée. Nous avons déjà vu la vertu protectrice qui est associée à cette substance (voir chapitre XVIII « Les protections »). C'est pourtant une notion d'odeur qui est en plus associée ici au sel : ce traitement aurait pour effet de donner à l'enfant une bonne odeur pour toute sa vie. Si l'on ajoute à ce bain quelques pièces d'argent, sa fortune est même assurée. Dans d'autres régions turques, la technique est différente : on sale entièrement le corps de l'enfant qui doit rester ainsi accommodé pendant dix minutes. « Chez nous, en Grande Kabylie, une autre pratique perdure pour que l'enfant ne sente pas mauvais plus tard : on lui frotte tout le corps avec de l'huile mélangée à du sel trois soirs de suite. Je l'ai fait à mes enfants, et, je vous assure, ça marche ! » s'exclame Aziza, une Algérienne.

Le modelage

Autre pratique couramment utilisée dans toutes les sociétés : le massage du nouveau-né. Les Soussous, en Guinée côtière, se serviront du beurre de karité. À Taïwan, ce sera l'huile de sésame. Dans le Sahara algérien, tout le corps du bébé sera enduit d'une mixture réalisée à base d'écorce de pin pilée et de peaux de courge. Cet enduit renforcerait la peau et encouragerait aussi l'enfant au travail.

Le modelage du corps est encore pratiqué dans de nombreux pays. Cette coutume est très ancienne. Elle était couramment utilisée autrefois chez les Égyptiens mais aussi observée dans notre pays jusqu'à la fin du siècle dernier en France rurale. Les matrones du sud-ouest de la France, par exemple, modelaient le crâne des enfants à la naissance en leur comprimant la tête. L'enfant devait ensuite garder un bandage serré pendant plusieurs semaines, afin d'obtenir une forme allongée. On trouvait cela beaucoup plus joli et l'on pensait que le bébé, ainsi reformé, serait plus intelligent. On retrouve actuellement cette méthode chez les Touaregs d'Algérie. La tête du nouveau-né est pressée dans le but de l'allonger. Le nez est également étiré pour devenir fin et long. Ce geste est également effectué par la sage-femme traditionnelle marocaine. Pour allonger l'enfant, elle prendra soin de le suspendre quelques instants par les pieds. À Wargla (en Algérie), on étire surtout les jambes de l'enfant. Dans le Sud tunisien, on refaçonnera son nez, son menton, voire son crâne si besoin est. Au Mexique, les membres inférieurs du bébé seront bandés étroitement pour avoir, plus tard, des jambes bien droites. Au Togo, on pense qu'un massage de la tête accélérera l'ossification. Chez les Wolofs, au Sénégal, c'est la mère qui allonge le bébé et qui le masse pendant plusieurs semaines. À Java, le corps de l'enfant doit être frictionné deux fois par jour pendant cinq à huit jours, afin de le travailler et de le rendre plus souple. Chez les Inuits, toutes les personnes qui viennent féliciter la mère prennent part au façonnage de l'enfant. On pense que ces massages rendront l'enfant plus vigoureux.

CHAPITRE XXIII

L'allaitement

L'enfant est immanquablement mis au sein dans toutes les sociétés traditionnelles. Le taux d'allaitement est de 92,4 % en Amérique latine, 94,5 % en Asie et en Océanie, et de 98,4 % en Afrique. Le lien fait entre l'allaitement maternel et l'affectif est très fort, comme le prouvent différents témoignages : « Chez nous, un proverbe dit : "Si tu ne donnes pas le sein, l'enfant ne te reconnaîtra pas" », déclare Awa, une Malinké du Mali. « C'est vrai, ajoute Emalda, une Sri Lankaise, si l'enfant boit au biberon, il n'aimera pas sa maman et il sera moins intelligent. » Dans son pays, comme en Inde, il est recommandé d'être dans de bonnes dispositions lorsqu'on donne le sein à son enfant. Il est admis que l'enfant se nourrira des traits de caractère transmis par sa mère lors des repas. « Il faut essayer d'être le plus apaisée possible et heureuse lorsqu'on donne le sein à son enfant, approuve Emalda. On doit être au calme et continuer à regarder de belles choses, comme lorsqu'on était enceinte. » Pour un allaitement vraiment parfait, les mamans indiennes doivent présenter toujours le sein droit en premier à leur enfant. Pour allaiter, elles éviteront de se tourner vers le sud, là où se tient le dieu de la mort.

Pour les Txikaos du Brésil, le lait maternel est

irremplaçable, car c'est grâce à lui que l'enfant va acquérir les caractéristiques de sa mère. Pour cette ethnie, le bébé a été créé durant neuf mois grâce à la semence de l'homme, mais il naît inachevé. En absorbant le lait, il s'assimilera donc un peu plus à sa mère. En Malaisie, on dit que « le sang devient le lait », car on croit que le lait est du sang maternel blanchi. Il est donc important que l'enfant tète le sein de sa mère pour entretenir une relation émotionnelle forte avec cette dernière. En Turquie, lors de la première tétée, on prendra soin de réciter quelques versets du Coran, sinon on pense que l'enfant deviendrait insupportable. « La religion incite à l'allaitement maternel, affirme Soraya, une Algérienne. Le Prophète a dit qu'un enfant nourri au sein de sa mère sera plus affectueux et aura des sentiments plus profonds. »

L'allaitement retardé

L'allaitement est parfois retardé dans certaines régions pour diverses raisons. Au Sénégal, par exemple, l'allaitement ne sera commencé qu'à partir de la montée de lait, car le colostrum est jugé dangereux. On demandera alors à la coépouse ou à une amie de venir allaiter l'enfant en attendant (chez les Bassaris). Les Peuls et les Boïns préféreront avoir recours au lait de vache ou de chèvre pendant les premiers jours. Chez les Tshokwés, en Angola, le nouveau-né ne recevra que de l'eau pendant les deux premiers jours. Pendant ce laps de temps, on s'évertuera à bien laver les seins de sa maman avec une infusion de plantes afin que le lait coule enfin blanc, parfait symbole de pureté. Le bébé pourra alors, et seulement à ce moment, s'alimenter au sein de sa mère.

L'allaitement était également couramment retardé en France jusqu'au XVIIIe siècle. On pensait que le lait était dérivé du sang maternel. Puisque, les jours qui suivent l'accouchement, la mère perd beaucoup de sang, on jugeait préférable d'attendre, parfois jusqu'à vingt jours, pour que le sang maternel se concentre dans le haut du corps et soit enfin de bonne qualité. Cette croyance disparut, mais jusqu'en 1950, un jeûne d'une à deux journées était encore fréquemment imposé aux bébés avant la première mise au sein.

En Turquie, la mère attend que trois appels à la prière soient lancés pour allaiter son bébé. Pour faire patienter l'enfant pendant ces quelques heures, on lui fera sucer un peu d'eau sucrée. Dans les Andes péruviennes, on ne donne pas le sein à un enfant qui vient de naître, car il est considéré comme infidèle, pas encore chrétien. On attend la cérémonie du lendemain, lorsqu'il recevra un prénom en compagnie de son parrain ou de sa marraine.

Recettes galactogènes

Pour toutes ces ethnies, il est impératif que la mère allaite son enfant, le lait en poudre étant à un prix prohibitif. Il n'est donc utilisé que rarement. Aussi, il n'est pas étonnant de voir fleurir une kyrielle de recettes pour favoriser une bonne lactation, surtout lorsque l'allaitement a été retardé, ce délai contrariant le processus de la lactation. Cela va des infusions de plantes à des aliments comme les arachides qui sont réputées galactogènes, surtout préparées en sauce. On les retrouve aussi bien en Afrique qu'en Chine. « Mais chez nous les arachides fraîches sont considérées comme étant les plus galactogènes, précise Awa, une Malinké du Mali. On mange aussi beaucoup de bouillie de mil et des soupes de légumes. »

Chez les Yamis de Taïwan, la mère doit manger des bouillies de millet, de tubercules de taro (plante tropicale) ainsi que de certains poissons dont elle boira également le jus de cuisson. Au Japon, on considère que les soupes donnent du bon lait, ainsi que les algues. D'autres recettes sont moins diététiques : « En Algérie, on doit bien manger pour avoir beaucoup de lait, explique Hassina, une Algéroise. On prépare des grosses omelettes dorées frites dans l'huile et imbibées de miel. On déguste également la *tomina*, une semoule grillée mélangée à du beurre salé et du miel. C'est délicieux ! »

Pour favoriser la tétée, on a également recours au massage des seins. Chez les Lobis du Burkina et de la Côte-d'Ivoire, celui-ci sera prodigué avec de la graisse de karité. Dans cette ethnie, les hommes restent persuadés que le lait est insuffisant pour donner toute la force nécessaire à l'enfant et le protéger contre les maladies. Aussi, une nourriture complémentaire doit-elle être donnée au nouveau-né dès son troisième jour de vie, faite à base de racines déterrées en brousse. Elles seront infusées dans de l'eau pendant quelques jours, le temps de voir apparaître des vers qui sont censés fortifier l'enfant. Le bébé boira le liquide ainsi obtenu. Quant aux Baruyas de Nouvelle-Guinée, l'abondance du lait d'une femme est à mettre en relation avec la quantité du sperme qu'elle a absorbée pendant sa grossesse. En effet, selon leur croyance, la semence de l'homme se transforme en lait dans le corps de la mère après l'accouchement.

Si, malgré tout, une femme ne peut arriver à allaiter son enfant, elle fera alors appel à une nourrice. Ce peut être la coépouse, ou toute autre femme de la même ethnie ayant du lait. Des enfants allaités par la même femme sont considérés dans de nombreux pays comme frères et sœurs de lait (Maghreb, Kurdistan, par exemple). Tout mariage sera alors interdit plus tard entre ces enfants.

Le lait empoisonné

La mère doit prendre des précautions durant la période d'allaitement. Chez les Éwés du Togo, tous les plats qu'elle dégustera seront préparés uniquement par une personne de la famille afin d'écarter toute possibilité de contamination.

Au Maghreb, la mère qui allaite son bébé fera attention qu'aucune personne étrangère ne la regarde. Si cette personne est malintentionnée ou jalouse, il en résulterait une agitation de l'enfant pendant plusieurs jours et le refus du sein. En Égypte, certaines mères se protègent contre ce mauvais œil en enroulant plusieurs fois à leur poignet droit un fil noir qu'elles nouent de sept nœuds. Elles le garderont jusqu'au nouveau mois lunaire, puis le jetteront. En Nouvelle-Guinée, la mère baruya fait jaillir une giclée de lait avant de donner le sein à son bébé, ceci pour enlever tout poison qu'une femme morte ou un bébé mort auraient furtivement laissé sur son mamelon en venant le sucer en cachette. Elle redoublera d'attention la nuit, puisque les morts aiment les endroits sombres. Une femme morte pourrait donner à boire son lait mortel au bébé. Aussi, lors des sorties nocturnes, l'enfant ne sera-t-il pas porté sur le dos comme c'est l'usage, mais sur le ventre, pour être mieux protégé.

Dans les Andes péruviennes, on est persuadé qu'une femme qui se met en colère attrape une maladie qui tarit la source du lait. Et si elle a de la peine, cette émotion va passer par le lait pour être transmise à l'enfant. Son cœur va alors se gonfler, et on dit que l'enfant pourrait en mourir. Lorsqu'elle allaite, la mère dogon prendra soin de ne jamais faire tomber une goutte de son lait sur le sexe de son fils. L'enfant deviendrait impuissant à l'âge adulte.

La durée de l'allaitement

L'allaitement dure assez longtemps dans la plupart des sociétés : il est, en moyenne, de dix mois en Amérique latine, vingt mois en Afrique, et de trente mois en Asie et en Océanie.

En règle générale, les rapports sexuels ne sont pas autorisés durant cette période. C'est une méthode naturelle d'espacement entre chaque grossesse, dans des pays où les femmes font de nombreux enfants et où les moyens contraceptifs ne sont pas admis. Mais la durée de l'allaitement est jugée trop longue par la nouvelle génération qui tente de la raccourcir en cachette. D'autres femmes, fatiguées par des grossesses répétées, mettent cette interdiction en avant pour ne pas retourner trop tôt dans le lit de leur époux. On parle même de danger si les rapports sexuels sont repris avant le sevrage : le sperme monterait dans le sein de la femme et empoisonnerait le lait maternel (au Gabon, en Éthiopie). Une femme wayana (Guyane) qui tombe enceinte alors qu'elle allaite encore son enfant ira jusqu'à se faire avorter. L'allaitement à la demande conduit les mamans du monde à dormir pendant plusieurs semaines, voire plusieurs mois à côté de leur bébé. Dormir avec son enfant est fréquent sur la planète jusqu'à dix-huit mois (en Chine par exemple) ou deux ans comme en Inde et en Afrique. Cette promiscuité est censée apaiser le tout-petit. Elle permet également de le protéger contre tous les esprits malins qui se plaisent à rôder la nuit.

Pour l'enfant, le sevrage est d'autant plus difficile

que les tétées sont données à la demande. En effet, chez toutes les ethnies étudiées, l'enfant est nourri dès qu'il pleure. Cette pratique est encore plus respectée en Afrique où le nouveau-né est perçu comme séjournant entre deux mondes : celui des vivants et celui d'où il vient. Grande est la peur dans cette région de voir repartir le tout-petit dans l'au-delà, si d'aventure il n'était pas satisfait ici-bas.

QUATRIÈME PARTIE

L'intégration du nouveau-né

L'intégration du nouveau-né se déroule en plusieurs étapes. Il est tout d'abord accueilli par le cercle restreint des femmes présentes à la naissance. La transmission du savoir communautaire se fera à ce moment-là. Ensuite, le père souhaitera la bienvenue à son enfant, et des sacrifices seront exécutés pour remercier les forces invisibles qui ont aidé à la bonne marche de l'accouchement.

Mais, dans ces pays où les taux de mortalité tant néonatale que maternelle sont élevés, une réclusion postnatale est imposée, dont la durée varie selon les régions. En effet, de nombreux dangers guettent la mère et l'enfant. Le sang que la mère perd après la naissance la rend vulnérable aux esprits-vampires qui sont attirés par ses écoulements. Ce sang contribue à la placer à l'écart de la société, car on la considère comme impure. Ainsi, la marginalisation qui a débuté lors de la grossesse continue-t-elle encore jusqu'aux rites de purification.

Quant au nouveau-né, on pense qu'il hésite entre deux mondes : le nôtre et celui de l'au-delà, d'où il vient. Des êtres malveillants, humains ou surnaturels peuvent venir le voler ou le rendre gravement malade. Aussi devra-t-il être sous haute protection. Son père participera parfois à sa défense.

La fin de la réclusion marquera l'entrée de l'enfant dans la société par l'intermédiaire d'une cérémonie de sortie et de rites d'imposition du nom. C'est une nouvelle naissance, sociale celle-ci, qui permettra à l'enfant d'être reconnu et identifié par sa communauté.

CHAPITRE XXIV

L'accueil du nouveau-né

La venue de l'enfant

Quelle que soit l'ethnie, à la sortie du ventre maternel, l'enfant est accueilli, on l'a vu, par la personne qui a suivi tout le déroulement de l'accouchement. Ce sera donc généralement la sage-femme ou une parente. C'est également elle qui prodiguera les soins nécessaires au nouveau-né. Avant d'être pris dans les mains, l'enfant reposera souvent à terre, et ce jusqu'à son premier cri. Ce contact est essentiel dans de nombreuses ethnies, principalement en Afrique, car le bébé est associé à l'image d'un fruit lié à la terre nourricière, terre que l'on doit remercier. Dans de rares hôpitaux français, les sages-femmes ont compris l'intérêt que les accouchées maliennes, ivoiriennes ou autres portent à cette croyance. Elles disposent donc un drap blanc à même le sol pour que la future mère puisse donner la vie à son bébé selon les règles de la tradition.

Au pays, le premier contact que percevra l'enfant sera celui d'une natte de paille, d'un pagne, du sol de la maison, voire de la terre battue. Chez les Bakongos du Zaïre, c'est sur une feuille de bananier que le bébé reposera. Au Bénin, chez les Wéménous, ce sera aussi sur des feuilles de bananier qui symbolisent le père, mais également sur des feuilles d'*akikon joflo* qui caractérisent le monde des dieux. Le nouveau-né reste ainsi généralement jusqu'à l'expulsion du placenta ou jusqu'à la coupe du cordon ombilical. Partout, la sage-femme ou les assistantes ne remettront l'enfant à sa mère qu'à l'issue de la fin des soins.

Les rites de bienvenue

Dès que l'enfant a poussé son premier cri et que l'on s'est assuré de sa bonne santé, dans toutes les sociétés du monde on laisse cours à sa joie. Ce sont les premiers signes d'entrée dans la société, mais les rites d'intégration viendront plus tard, lorsque tout risque de malheur ou de maladie sera écarté. Dans toute l'Asie, l'heure précise de la naissance sera scrupuleusement notée. Elle servira à un astrologue pour établir l'horoscope qui déterminera tous les grands moments de la vie de l'enfant. « Nous croyons aussi beaucoup en la numérologie, déclare Emalda, une Sri Lankaise, on veut très vite savoir le chiffre de l'enfant selon sa date de naissance. Notre petite fille est née le 27 janvier 1998, son chemin de vie est donc en 1, ce qui signifie la force ! » Mais, d'ores et déjà, ce petit être qui vient au monde fait partie de la communauté, et on le fait savoir. Les Esquimaux le nomment « bébé » pour la première fois, car, dans le ventre de sa mère, il n'était que le « bébé à naître ». Au Maghreb, les femmes pousseront leurs « youyous » de bienvenue. Ailleurs, on applaudira. Mais, quelle que soit la société, l'intensité de l'émotion sera toujours plus forte pour l'arrivée d'un garçon. Chez tous les musulmans quelques passages du Coran seront également murmurés à l'oreille de l'enfant qui vient de naître. « Ce sont les premières paroles que l'enfant doit entendre, confirme Soraya, une Algérienne.

La personne qui connaît le Coran prononce trois fois à l'oreille du bébé "Dieu est grand" et dit un ou deux versets. Ici, c'est mon mari qui l'a fait, mais au pays, ce sont les sages-femmes. » Le père dogon du Mali s'empressera de faire une croix à la suie sur la porte de la chambre d'accouchement, prouvant que l'enfant est bien arrivé. Au Togo, les Éwés accueillent le bébé comme ils ont coutume de le faire avec un étranger qui arrive : celui-ci devra boire quelques gouttes d'eau que l'on déposera sur sa bouche et sur sa langue. Au Népal, les parents simulent l'achat de l'enfant tharu en le déposant dans un panier rempli de grains. Ils reprendront le bébé, tandis que les céréales seront offertes à la sage-femme qui a suivi l'accouchement.

Si la joie d'avoir un enfant sain et sauf est quasi générale, il existe toutefois des exceptions, comme les Baruyas, en Nouvelle-Guinée. Le père se désintéresse totalement de ce petit être qu'il trouve surtout très sale. Il ne fait alors pas l'effort de le rencontrer, et moins encore de le prendre dans ses bras. Si par hasard il venait à croiser son chemin, il cracherait par terre...

La transmission du savoir

De nombreuses coutumes consistent à transmettre à l'enfant des aptitudes physiques, morales et, même, intellectuelles. Les Wolofs du Sénégal sont persuadés que, déjà, les premières paroles prononcées au nouveau-né auront un impact considérable sur sa vie future. Les aînés lui prédisent alors tout haut un avenir fait de puissance et d'argent. Toute la famille, réunie pour la circonstance, questionnera le bébé sur sa vie antérieure, sur ses intentions dans sa présente vie, afin de fixer son identité, car l'enfant est perçu comme doué d'une grande faculté de compréhension. Dans le Sud algérien, c'est la sage-femme qui va insuffler à l'enfant toutes les recommandations nécessaires pour vivre longtemps. Tous les dangers qu'un individu peut rencontrer sur terre sont énumérés un par un à l'oreille du tout-petit qui vient de naître. La sage-femme essaiera de ne rien oublier, ni de l'orage, ni du scorpion. Elle évoquera toutes les menaces, sinon l'enfant sera doublement effrayé lorsqu'il devra faire face au danger. À Taïwan, le père yami va tenter d'influer sur les futures compétences de son enfant. Si c'est un bébé mâle, il accrochera des crabes au bout d'une canne à pêche en haut de sa maison pour l'inciter à devenir un bon pêcheur. Si c'est une petite fille qui est née, il va fabriquer une pièce de métier à tisser pour qu'elle soit une tisseuse habile. Au Maghreb, certaines cérémonies mettent en scène le destin de l'enfant. La famille lui présente sur un plateau divers objets symbolisant une vie réussie : un stylo pour réussir dans les études, une pièce de monnaie pour être riche, du pain pour ne manquer de rien. On peut aussi « attacher » ces projections futures en épinglant sur les vêtements du bébé un sachet contenant des éléments choisis (graines, argent...), afin qu'il ne manque jamais de rien. Chez les Soussous, en Guinée-Conakry, des dons oratoires seront communiqués au bébé grâce à un griot, ce poète dont la maîtrise de la langue est réputée. Pour ce faire, il mâchera une noix de kola et du gingembre et il recrachera le tout dans la bouche de l'enfant. Auparavant, la sage-femme aura pris soin de couper le frein de la langue de l'enfant (lien fin situé sous la langue) pour qu'il ait une élocution facile. Cette pratique était encore courante en France rurale au milieu de notre siècle.

Dès la naissance, on doit donc donner à l'enfant les armes nécessaires pour qu'il soit en mesure de se défendre dans la vie. Au Togo, on dépose dans l'eau du bain un bouchon de liège et un morceau de silex. Comme le liège, l'enfant flottera au-dessus des tempêtes de la vie. Tout comme le silex, il sera dur et tranchant face aux attaques. Au Zaïre, la sage-femme baluba frottera le nouveau-né avec la terre issue d'une termitière, sans doute pour lui apporter toute la vitalité de cette terre vivante. Au Soudan, chez les Zandés, un rite se déroule quelques jours après la naissance pour rendre l'enfant fort : devant la hutte, la sage-femme allume un feu dans lequel elle a jeté quelques feuilles provenant du lit sur lequel la jeune mère a accouché. Elle prendra ensuite l'enfant et le maintiendra dans la fumée, en exposant tout son corps et en le tournant pendant une vingtaine de minutes.

Les sacrifices

Selon la croyance des pays, les dieux, les ancêtres, quelquefois les esprits seront remerciés, car on pense que c'est grâce à leur action que l'accouchement s'est bien déroulé. Les offrandes et les sacrifices ont également pour fonction de préserver de bonnes relations avec ces êtres surnaturels pour qu'ils continuent de protéger l'enfant dans sa vie future.

À Java, le père du nouveau-né emporte au bord de la rivière le tapis sur lequel la mère a accouché afin d'en ôter toute trace de sang. À cet endroit précis, il brûlera de l'encens ainsi que des tiges séchées de riz. Il déposera également une fleur, tout en adressant une incantation aux esprits de la rivière. Partout, le sacrifice d'un animal est de rigueur. Les génies qui ont aidé la sage-femme seront remerciés par le père bakoué, en Côte-d'Ivoire : il offrira à l'accoucheuse un poulet blanc. Au Maghreb, le mouton sera égorgé et mangé par les proches et toutes celles qui ont assisté à la naissance. Chez les Dogons, la poule ou le coq ne seront sacrifiés que si la mère a donné naissance à un enfant mâle. Alors, le père égorgera l'animal sur les poteries des ancêtres en disant une prière pour que la santé de l'enfant soit préservée. « Chez nous, on remercie le génie familial, dit Siaka, Wéménou du Bénin. En effet, chaque famille a un génie qui la protège. Pour que l'enfant reste en bonne santé, il faut que la mère fasse des offrandes (vin de palme, semoule de mil) et donne à la vieille femme du village une poule ou un mouton pour être offert en sacrifice. Cette dame, réputée pour savoir communiquer avec l'au-delà, va invoquer les génies tout en versant le sang de l'animal sur le vodu. » Au Tchad, le père toubou sacrifie une chèvre qui sera mangée par les femmes proches de la mère de l'enfant. Les hommes seront exclus de ce repas sacré. Aux îles Tonga, en Polynésie, c'est le grand-père maternel de l'enfant qui effectuera les sacrifices le jour de la naissance en égorgeant un poulet et un cochon. Enfin, à la fin du premier mois, les Vietnamiens célébreront leurs ancêtres en partageant un bon repas. Des cadeaux seront offerts aux déesses qui ont permis au bébé de venir au monde et d'être en pleine santé. Ces nourrices célestes étant au nombre de douze, on disposera leurs présents en douze exemplaires !

CHAPITRE XXV

La réclusion mère-enfant

Un isolement quasi universel

Dans toutes les sociétés, même dans les pays industrialisés, un congé postnatal est requis pour la nouvelle mère. Il est partout admis qu'elle doit se reposer, reprendre des forces après toute la fatigue due à l'accouchement. Dans les sociétés où les valeurs traditionnelles sont encore respectées, ce repos prend la forme d'une réclusion. La mère reste en effet enfermée avec son enfant dans l'endroit même où elle a accouché. Si la naissance a eu lieu en maternité, elle continuera cette réclusion, le temps nécessaire, chez elle ou chez ses parents. Le but de ce cloisonnement n'est pas uniquement de protéger la santé de la mère. Il permet de déjouer les entreprises éventuelles des sorcières qui pourraient viser la mère et l'enfant, à une période où ils sont tous les deux les plus vulnérables. Cet isolement permet également de tenir la nouvelle mère en marge de la société. Elle doit se tenir à l'écart du monde social, car elle est considérée comme impure. Les interdits comportementaux et alimentaires qui pèsent encore sur la femme ne seront définitivement levés que lorsqu'elle aura retrouvé sa force vitale et qu'elle aura effectué tous les rites de purification.

En règle générale, un repos total est demandé à la mère. Pour être assistée, elle obtiendra souvent l'aide de ses proches. « En effet, la mère ne doit absolument rien faire, confirme Emalda, une Sri Lankaise. Elle ne s'occupe ni du ménage, ni de la cuisine. Il y a toujours quelqu'un de la famille qui vient l'aider. À Paris, je suis loin d'eux, ce sera plus difficile, mais mon mari va m'aider. » Au Togo, c'est la belle-sœur qui l'aidera à s'occuper du petit. Chez les Igbos du Nigeria, une femme viendra pour faire le ménage et préparer à manger. À Chia, au Pérou, le mari s'occupera des repas puisque la mère ne doit absolument rien faire. Chez les Tharus, au Népal, elle ne devra pas cuisiner non plus et restera allongée.

La durée de la réclusion

La durée de la réclusion postnatale varie énormément d'une ethnie à l'autre. Elle peut s'étendre de trois jours à deux mois, voire plus. De nombreux pays s'accordent sur une durée traditionnelle de quarante jours. Très ancien, ce laps de temps se retrouve déjà dans les Écritures : c'est une durée de marge qui marque le passage d'une étape à une autre. C'est le temps nécessaire à Moïse sur le mont Sinaï ou à Jésus-Christ dans le désert. Parfois, les délais, jugés trop longs, ne sont pas respectés. Les causes ne sont pas uniquement dues au nouveau mode de vie des femmes, mais à leur présence nécessaire aux champs ou sur les marchés.

« Chez nous, la mère peut sortir un peu plus tôt, mais pour les bébés, il est impensable qu'ils mettent le nez dehors avant un minimum de trois mois », affirme Suzy, une Agni de Côte-d'Ivoire. Dans tout le Maghreb, la durée traditionnelle est de quarante jours, même si certaines femmes dérogent à cette règle en ne restant confinées qu'une semaine. « La mère et le bébé doivent en effet rester quarante jours enfermés. Mais, à Alger, il est courant de réduire la durée à vingt jours », constate Aziza, une Kabyle d'Algérie. En Équateur, les Cayapas pratiquent une réclusion totale de deux mois, alors que chez les Suraras du Brésil, une femme qui vient d'accoucher reprendra le travail le lendemain même de la naissance. En effet, juste après l'accouchement, la femme surara prendra un bain avec son petit dans la rivière la plus proche, se reposera dans son hamac une ou deux heures, puis retournera à ses occupations habituelles. Au Mexique, la mère restera enfermée avec son bébé pendant une semaine, ne recevant que des visites très limitées. Elle pourra ensuite reprendre des activités. En Afrique noire, la réclusion peut varier de trois à quarante jours. Au Togo, en Côte-d'Ivoire, au Sénégal, la moyenne sera en général de sept jours. La durée de quarante jours, imposée à la femme kanuri au Nigeria, ne sera pas respectée si la femme doit travailler, mais elle sera au minimum de huit jours. « Au Mali, dans mon village, on respecte la coutume : pendant les quarante jours de réclusion, ni la mère ni l'enfant ne sortiront », affirme Awa, une Malinké.

Il existe parfois des variations selon le sexe de l'enfant : la femme bakoué de Côte-d'Ivoire s'isolera un jour de plus si elle a donné naissance à un fils. La durée sera alors de quatre jours, contre trois pour la naissance d'une fille. La même pratique est observée chez les Adjas du Togo. Si un garçon est arrivé, la femme sortira au neuvième jour, deux jours plus tard que pour une fille. La raison invoquée pour cette sortie avancée des bébés de sexe féminin, c'est que les petites devront aller puiser de l'eau très jeunes. Dans le même pays, chez certains Éwés, la jeune maman devra parfois attendre un changement de lune pour sortir de la case. Cette attente est uniquement observée lorsqu'elle a accouché à l'extérieur, au clair de lune. À Java, il sera demandé à la maman de marcher le plus tôt possible pour activer la circulation. Mais la tradition veut qu'elle reprenne ensuite, pendant les trente-cinq jours de réclusion, la même position qu'elle avait lors de la naissance de son enfant. Si elle a accouché assise, elle devra empiler des oreillers tout autour d'elle pour ne pas s'allonger, même durant la nuit.

CHAPITRE XXVI

La nouvelle mère impure

La femme, nous l'avons vu, est tenue à l'écart de la société depuis le début de sa grossesse. Après avoir donné naissance à son enfant, sa marginalisation va être renforcée par une nouvelle croyance : ses écoulements sanguins la rendraient impure. En effet, dans de nombreux pays, on estime que l'accouchement l'a « polluée » par le sang écoulé lors de la naissance et les jours suivants.

La mère indigne des dieux

Dans tous les pays musulmans, étant donné cet état d'impureté de la femme, la quarantaine est l'unique moment où le jeûne du ramadan n'est pas respecté. La mère n'est pas en état de prier ni d'aller dans un lieu de culte. Cet interdit se retrouve en pays catholique. Au Guatemala, par exemple, la nouvelle mère ne pourra pas entrer dans une église pendant les quarante jours qui suivent l'accouchement. En Asie du Sud-Est, elle ne devra pas entrer dans un temple ni aucun lieu de culte, par respect pour les dieux. En Chine, la mère ne doit surtout pas sortir car elle attirerait le regard des dieux, ce qui serait bien irrévérencieux : ceux-ci verraient qu'elle n'est, à ce moment de son existence, qu'une masse de sang… Les dieux, vexés, risqueraient de se détourner d'elle dans le futur.

Les esprits-vampires

La femme qui vient d'accoucher est également la proie des puissances maléfiques qui ont généralement une apparence féminine. Elles sont toutes alléchées par l'odeur du sang maternel dont elles raffolent. En Malaisie, cet esprit qui se délecte du sang de l'accouchement s'appelle Langsuir. Personne ne l'a jamais aperçue, mais on sait qu'elle a une longue chevelure et un trou dans le dos. Elle vit habituellement dans les arbres de la jungle et aime énormément le sang des femmes qui viennent d'accoucher. Pour satisfaire ses envies, elle se transformera en animal ou en humain, allant même jusqu'à prendre l'apparence d'une très belle femme. Le seul moyen de l'arrêter est de planter un objet métallique dans le trou de son dos. Aussi prendra-t-on soin de placer près de la mère une paire de ciseaux ou un casse-noisettes.

Au Cambodge, la sorcière Ap est également attirée par le sang des couches. C'est un personnage qui a une double vie. Le jour, elle a une apparence humaine. Ce peut être une relation, une voisine. Mais la nuit elle se transforme en une masse d'entrailles lumineuse, surmontée d'une tête. Son menu nocturne comporte habituellement des batraciens ou des ordures, mais, si l'odeur du sang de l'accouchement parvient jusqu'à ses narines, elle s'empressera d'aller lécher le sang car c'est son mets favori. La croyance populaire veut alors que la femme accouchée ayant rencontré cette sorcière souffre de maux divers, sans toutefois en mourir. Pour combattre cet esprit, il faut déposer des épines dans la chambre de l'accouchée ainsi qu'au-dessus de la porte. Le monstre ne s'approchera pas, car il sait bien que les épines vont s'accrocher à ses viscères.

En Arménie et en Turquie, le danger viendrait d'un esprit féminin nommé Al. On croit qu'elle s'arrange pour pénétrer dans la chambre d'une accouchée afin de lui arracher le cœur, le foie et les poumons qu'elle va ensuite laver dans une rivière. Il a été observé que ce monstre n'agit que pendant les quarante jours de réclusion, lorsque l'accouchée est seule dans sa chambre. Aussi la meilleure défense est-elle de ne jamais laisser une accouchée seule, de jour comme de nuit. Si la mère est laissée sans surveillance, elle aura recours à d'autres moyens de protection : elle suspendra dans sa pièce des oignons, des gousses d'ail ou encore des perles bleues pour faire fuir l'esprit. Elle pourra aussi mettre en évidence un balai, réputé faire peur au monstre.

Le corps refroidi

La chaleur est primordiale dans de nombreux pays pour les femmes qui viennent d'accoucher. Or, le sang est chaud. Comme, pendant la naissance et les jours suivants, la mère perd beaucoup de sang, donc beaucoup de chaleur, il est nécessaire de la réchauffer. Cette règle est suivie dans toute l'Asie ainsi qu'à Madagascar. Au Vietnam et en Malaisie, on accélère le processus en faisant prendre à la mère des bains chauds et en lui posant sur le ventre une pierre brûlante enveloppée dans un linge. Le feu doit être entretenu sans cesse pendant sept jours. Une coutume voisine se retrouve dans les îles du Cap-Vert, rapporte Dominga : « Pendant le mois qui suit l'accouchement, on doit garder le lit dans une chambre fermée chauffée, même l'été. Tous les soirs, on met de l'eau à chauffer au four. La maman se met au-dessus du bassin d'eau bouillante, les jambes écartées pour recevoir toute la vapeur. Cette pratique favorise la fermeture de l'utérus. »

En Chine, cette croyance est accompagnée d'autres règles qui doivent être suivies pendant tout un mois après l'accouchement. La nouvelle mère ne doit pas se laver le corps ou les cheveux pendant ce laps de temps. Elle ne doit pas non plus toucher de l'eau froide. « Je ne vais pas me laver les cheveux pendant tout le mois, témoigne Hang, une Chinoise. Si je dois me laver les mains, par exemple, je le ferai toujours avec de l'eau chaude qui a été bouillie. Sinon les effets secondaires peuvent être terribles. » La raison invoquée, c'est que le froid pénétrerait dans le corps de la femme par les orifices, les pieds ou les articulations, provoquant ainsi asthme, arthrite ou autres douleurs. « Nous respectons également cette tradition, raconte Emalda, une Sri Lankaise. Pendant un mois, on ne prend ni bain ni douche. » En Chine, la mère ne doit pas non plus sortir, sinon elle attraperait froid. Autre recommandation : ne pas marcher ni bouger. La femme doit rester allongée sur le dos pour renforcer sa colonne vertébrale très sollicitée pendant la grossesse. Elle ne doit surtout pas tomber malade non plus. Toute maladie qui surviendrait pendant le mois qui suit l'accouchement serait incurable.

Nous allons voir que d'autres préceptes relatifs à l'impureté de la mère viennent s'ajouter à toutes ces règles. Chez les Éwés du Togo, obligation est faite à la nouvelle mère d'enfiler ses sandales si elle doit mettre le pied dehors. On croit en effet qu'elle est susceptible d'attraper des maladies contagieuses si ses pieds touchent le sol.

Les aliments chauds

Pendant la réclusion, certains aliments seront proscrits du menu d'une femme qui vient d'accoucher. D'autres seront recommandés pour leur pouvoir bénéfique. Le régime alimentaire, en Asie, repose toujours sur la croyance du refroidissement de la femme accouchée. Tout aliment cru ou jugé « froid » est considéré comme un danger pour sa santé. Les fruits sont donc à bannir ainsi que les légumes, à l'exception de la carotte dont la couleur est jugée chaude. Le canard et le poisson sont classés aliments froids car ils nagent dans l'eau, mais cette classification n'est pas toujours observée, comme le prouve le témoignage de Hang : « Pendant le mois, je mange beaucoup de poulet, mais je mange aussi du poisson et des fruits de mer, surtout après le dixième jour. Mais tous les plats doivent être bien chauds. » Le poulet est en effet catalogué aliment chaud, car cet animal ne se baigne pas. De fait, pour un prompt rétablissement, il sera recommandé à la nouvelle mère de manger un petit poulet par jour. Les foies et les rognons de cochon sont également conseillés. Ils renforceraient les fonctions du foie et des reins de la femme qui en consommerait.

En Chine, le sel est à proscrire également, car il donnerait des maux de dos incurables. En Malaisie, la consommation d'aliments dits froids conduirait la femme vers un état de fièvre, d'empoisonnement, voire de folie. Dans toute l'Asie, il est conseillé de manger beaucoup et plusieurs fois par jour. Cette règle est également suivie aux Comores, où la nouvelle mère est tenue de manger au minimum six fois par jour. Là, poisson ou poulet, accompagnés de riz, seront ses plats principaux. Les aliments froids sont aussi proscrits en Amérique du Sud, mais ils diffèrent du classement asiatique.

Au Guatemala, les aliments les plus recommandés pour rétablir une femme lors de l'isolement sont la soupe de poulet, les bananes, les viandes. Les boissons, comme les plats, devront être consommées chaudes. Dans d'autres pays, les interdits ne sont plus guidés par la santé de la mère mais par celle de l'enfant qu'elle nourrit au sein. En Équateur, par exemple, il est interdit à la femme de manger des crabes, des praires ou de la viande, sous peine de perdre son bébé. Chez les Éwés, au Togo, la femme ne mangera pas de sel pendant les premiers jours de son isolement car, par l'intermédiaire du lait, l'enfant encore entre deux mondes viendrait à en consommer ; or, il est reconnu dans cette région que les ancêtres de l'au-delà ne mangent pas de sel.

Les risques de contamination

La mère diola, au Sénégal, ne peut pas prendre ses douches au foyer. La mère tamoule sera baignée séparément de son enfant pendant une période allant de sept à quinze jours. Elle peut être encore plus longue lors d'un premier accouchement. Dans l'État de Madras, chaque caste a sa propre formule pour déterminer quels proches sont touchés par la pollution. Ainsi, le père ne pourra voir son enfant qu'à la fin de la période estimée de l'impureté. En Wahgi (Nouvelle-Guinée), le père ne verra ni son enfant ni sa femme, car tous deux restent pendant un mois confinés dans la hutte des femmes. En milieu traditionnel javanais, la sage-femme, considérée comme la plus touchée par la pollution liée à l'accouchement, conjurera le sort lors de chaque bain fait à la mère. Elle fera appel à l'esprit gardien du village pour qu'il témoigne qu'elle a bien nettoyé le sang impur et qu'elle est ainsi protégée. Les Dogons, quant à eux, pensent que seules les personnes âgées peuvent côtoyer une femme qui vient d'accoucher jusqu'à la fin de la période de réclusion. Pendant ce temps, la mère devra manger seule, à l'écart du reste de la famille. Elle ne devra pas non plus préparer les repas de son mari. La femme inuit sera tout autant écartée. Il est conseillé de ne pas lui parler, ni de la toucher. Elle mangera et boira dans des récipients destinés à son seul usage. Pour la femme taïwanaise, c'est le feu sur lequel elle fait cuire sa nourriture qui lui sera personnellement réservé. On lui demandera aussi de ne pas sortir de la maison entre le coucher et le lever du soleil, sinon elle salirait la terre et le ciel. Elle ne devra pas non plus laisser de linge pendu à l'extérieur au crépuscule. Si ces derniers interdits étaient transgressés, la mère courrait le risque d'engendrer, lors d'une prochaine grossesse, un être anormal ou sale.

En Asie du Sud-Est, d'autres interdits sont à respecter pendant le mois de réclusion. La nouvelle mère ne doit pas visiter de voisins : cela leur porterait malheur. La malchance se poserait sur ses proches si elle mangeait à la table familiale. Les nombreuses règles imposées en Asie pendant la réclusion conduisent certaines mères à laisser pendant le mois complet leur petit à l'hôpital. Elles jugent préférable de se séparer de leur enfant afin de pouvoir se consacrer entièrement au règlement de la réclusion. À Taïwan, plusieurs bébés se trouvent ainsi à la charge des infirmières jusqu'à ce que leur mère vienne les récupérer. Comme celle-ci n'est pas autorisée à sortir de chez elle, ce sont les pères ou les grands-mères qui viennent chaque jour voir l'enfant.

Notons encore que les relations sexuelles ne doivent pas être reprises avant la fin de la période d'isolement, sinon l'homme serait contaminé. Il tomberait malade ou il lui arriverait malheur. Cet interdit sexuel frappe tous les pays sans exception. Seule la durée varie selon les régions. Elle va en général de pair avec le temps de la réclusion postnatale. Parfois, elle se poursuit jusqu'au retour de couches. D'autres fois encore (surtout en Afrique), elle dure le temps de l'allaitement, qui est, nous l'avons vu, assez long en Afrique. « La femme fait en général lit à part pendant quarante jours, car les relations sexuelles sont interdites pendant cette période », confie Aziza, une Algérienne.

La purification

Une fois le délai de réclusion terminé, il est temps pour la femme d'être purifiée. Ainsi va-t-elle devenir réellement mère à part entière aux yeux de la communauté. La pièce dans laquelle elle sera restée est également marquée par toute l'impureté du sang de l'accouchement. Elle sera nettoyée de fond en comble le jour de la sortie. Parfois, tout ce qui a servi à l'accouchement est jeté. Au Vietnam, on brûle la bassine d'eau, les affaires, voire le lit. On invoquera les dieux ou les ancêtres selon le pays. On fera des sacrifices pour les remercier. La femme égyptienne observera un rite de purification, mais, avant de pouvoir prier, il faudra qu'elle verse plusieurs verres d'eau sur sa tête en invoquant Allah. En Inde, l'eau dans laquelle se baigne la mère est teintée de safran. Elle pourra porter à nouveau sur son front un point, considéré comme bénéfique. Au Maroc, la femme va au hammam et met du henné après sa mise en quarantaine. Une fête est organisée entre femmes pour célébrer la naissance et on poussera des youyous. « C'est une journée très spéciale ! s'exclame Soraya, une Algérienne. Pour la première fois depuis l'accouchement, on retourne au hammam et on a le droit de prendre un bain. On s'épile, on se fait belle pour son mari. On se sent purifiée. Une femme, en général la grand-mère paternelle, vient à la maison nous masser avec de l'huile d'olive. Les anciennes savent comment remettre tous les os en place après l'accouchement. On invite des amis proches, la famille, et on mange une soupe chaude épicée. »

Aux Comores, la fête de la toilette purificatrice est pratiquée sous la houlette de la sage-femme. La famille, mais aussi les femmes du village peuvent venir y participer. Après son isolement, la mère bakoué se rendra à la rivière pour puiser de l'eau, menée par un garçon de huit ans. Celui-ci attachera une ficelle au poignet droit de la mère si elle a eu un petit garçon et au poignet gauche si elle a eu une petite fille. L'eau que la femme rapportera au village, toujours sous la conduite de l'enfant, sera remise à la sage-femme. Cette dernière l'aspergera en lui demandant de faire de nombreux autres bébés. Il est admis que le garçon ayant accompagné une nouvelle mère fera également plus tard de nombreux enfants. À Taïwan, la mère yami choisira sa date de sortie en fonction de la pleine lune ou de la nouvelle lune. La purification aura lieu aux yeux de tous, à la fontaine du village. Elle se débarrassera ainsi de l'odeur de l'accouchement qui attire les esprits des morts. Dans le même temps, le nouveau père sacrifiera un animal qu'il offrira aux esprits en les priant de laisser son enfant en vie. Le plus souvent, les rites de sortie de la mère coïncident avec les rites d'intégration du nouveau-né.

CHAPITRE XXVII

Le nouveau-né entre deux mondes

Tout comme sa mère, le nouveau-né sera tenu à l'écart de la société le temps de la réclusion postnatale. En effet, il ne fait pas partie de la communauté, car il n'est pas encore considéré comme complètement humain.

Le nouveau-né et les Invisibles

L'enfant qui vient de naître arrive de l'au-delà, de l'Univers obscur et fascinant, du monde de l'Invisible. Il est encore tout imprégné des influences de ce monde, ce qui en fait un être à part, en transition, jusqu'à son intégration dans la société. Les Yamis, à Taïwan, l'appellent d'ailleurs l'« enfant-qui-est-esprit ». Dans le centre de la Thaïlande, on pense que, les trois premiers jours, l'enfant est davantage surnaturel qu'humain. Il est admis par certains que le nouveau-né ne peut pas mourir pendant ce laps de temps. Il ne pourrait décéder qu'à la naissance ou trois jours plus tard. Afin que l'enfant arrête ses relations surnaturelles, une cérémonie a lieu peu de temps après l'accouchement, avant la fin du troisième jour. L'enfant, placé sur un plateau, est réclamé par sa mère qui le prend dans ses bras. On noue ensuite un fil sacré autour du poignet et du genou du bébé, car ces endroits sont considérés comme les emplacements de sortie de l'âme. À l'issue de ce rituel, on pense que l'enfant oublie sa vie en tant qu'esprit et qu'il devient véritablement humain.

Dans les montagnes indonésiennes, à l'est de Java, les Tenggers croient que l'enfant, à sa naissance, est accompagné de quarante-quatre compagnons spirituels. Jour après jour, l'un de ces êtres rejoindra son domaine spirituel, laissant ainsi l'enfant devenir de plus en plus humain. À l'aube du quarante-cinquième jour, les esprits sont tous rentrés et l'enfant est alors considéré comme un être humain à part entière, ne possédant plus de part spirituelle. Même les divinités accompagnent parfois l'enfant à sa naissance. À Java, on pense que Dieu en personne informe le bébé sur sa destinée, et ce, juste avant l'accouchement. Chez les Wéménous, au Bénin, l'enfant est accueilli par Sê, un être divin qui a d'ailleurs suivi de très près toute la formation utérine.

Cette représentation du nouveau-né entre deux mondes se retrouve sur les cinq continents. On pense que l'enfant, à sa naissance, est toujours en communication directe avec les puissances surnaturelles. Pour les Indiens lakotas, d'Amérique du Nord, c'est par la fontanelle que l'enfant communique avec les esprits. Chez les Wolofs, au Sénégal, le tout-petit reçoit les messages des esprits et des ancêtres puisqu'il a le statut de voyant. En Afrique et en Asie, cet échange avec le monde supérieur en fait un être respecté à qui l'on attribue des aptitudes extraordinaires. On le croit conscient de tout, apte à méditer, à comprendre le monde qui l'entoure. Les Yamis de Taïwan et les Malais lui reconnaissent une sensibilité extrême, éprouvant plaisir et désir. On dit du bébé diola, au Sénégal, qu'il a le don de voir encore mieux dans l'eau que sur la terre jusqu'à l'âge d'un an. Les enfants de cette région ont, en effet, la réputation de communiquer non seulement avec les esprits mais également avec les génies d'eau. En Afrique comme en Asie, l'ancêtre qui s'est réincarné dans l'enfant lui transmet connaissance et savoir. Ce don confère, par exemple, à l'enfant africain une position hiérarchique inverse de celle observée en Occident : il sera situé au même niveau que le grand-père ou le vieillard de la communauté.

Ce statut ambivalent du nouveau-né demandera des précautions particulières. L'enfant peut, en effet, vouloir retourner dans le monde des Invisibles s'il ne se trouve pas assez aimé. Cette croyance, très marquée en Afrique noire, explique l'attitude très compréhensive de la mère envers son enfant. S'il pleure, elle cherchera tout de suite à le réconforter. Ce ne sont d'ailleurs pas les caprices d'un enfant que l'on exauce, mais bien ceux de l'ancêtre qui s'est réincarné. Aussi, même un enfant insupportable sera choyé et satisfait pour ne pas contrarier les ancêtres et les esprits. La même attitude permissive est adoptée chez les Esquimaux et les Lakotas, en Amérique du Nord. En Haute-Volta, si une mère mossi donne naissance à plusieurs enfants qui décèdent, on pensera que c'est le même enfant qui revient à chaque naissance mais, comme il n'est pas assez choyé, qui repart dans l'au-delà. On croit qu'un ancêtre peut reprendre un enfant jusqu'au sevrage (assez tardif dans cette région, aux environs de deux ans). Pour être certain que c'est le même enfant qui revient chaque fois, les Mossis identifient l'enfant avant l'enterrement d'une incision sur le corps. Si le bébé suivant présente une marque au même endroit, la preuve est faite. Il faudra alors exécuter des sacrifices et implorer l'ancêtre de ne plus reprendre l'enfant. Notons la pratique quasi universelle de fixer symboliquement le nouveau-né à la vie humaine en nouant un fil ou une cordelette à ses jambes ou à sa taille. Ce lien l'aide alors à s'attacher à la vie terrestre.

Le nouveau-né inachevé

Dans d'autres pays, l'état précaire de l'enfant tient au fait qu'il n'est pas considéré comme un être humain complet. C'est une conviction qui permet aux parents de moins souffrir de la perte d'un enfant. Cette croyance se retrouve en Nouvelle-Guinée, chez les Tins Damas, où l'enfant va lentement acquérir le statut d'être humain. Les Txikaos, au Brésil, pensent également que l'enfant n'est pas encore complet d'un point de vue biologique. En revanche, il possède déjà une âme complète, ce qui n'est pas le cas dans toutes les sociétés. À Taïwan, par exemple, l'âme, qui flottait jusqu'alors près de la femme enceinte, s'attache au tout-petit le jour de la naissance. Mais elle ne sera fixée que vers quatre mois. Pendant ce laps de temps, il faudra faire attention de ne pas l'effrayer, sinon elle partirait, emmenant fatalement l'enfant avec elle. Chez les Wayana de Guyane, l'âme est également très fragile. Elle a du mal à se fixer au corps pendant les quatre premières années de vie. L'enfant est donc sous la dépendance spirituelle de ses parents. Plusieurs obligations découlent de cette instabilité : les parents ne doivent ni frapper le bébé, ni laisser un animal adulte s'en approcher, ni le déposer à terre.

CHAPITRE XXVIII

L'enfant sous haute protection

Dans tous les pays où la mortalité néonatale est élevée, on craint pour la vie du nouveau-né. Certains rites ont donc pour but de préserver la santé de l'enfant. Pour expliquer les décès, on tente de trouver des raisons magiques.

Les esprits voleurs d'enfants

Dans certaines sociétés, la situation ambiguë et précaire du nouveau-né en fait une proie facile pour les puissances maléfiques qui rôdent dans le monde des humains. Aussi de grandes précautions seront-elles prises pour éviter d'exposer l'enfant aux dangers surnaturels.

En Asie, on s'inquiétera d'un petit qui pleure, signe qu'un esprit malfaisant est dans les parages. Au Cambodge, un esprit féminin peut tenter de reprendre l'enfant. Pour ce faire, cet esprit essaiera de faire mourir le nouveau-né par fièvre convulsive. Cet être, dit-on, était, dans une vie antérieure, la mère du tout-petit. La croyance populaire prétend que cette femme n'a pas pu se réincarner et qu'elle ne veut pas se séparer de cet enfant qu'elle aime. Elle cherche donc à le récupérer pour qu'il revienne auprès d'elle dans l'au-delà. Afin de protéger l'enfant vis-à-vis de cet esprit possessif, on lui mettra autour du cou une pochette renfermant une plaque de plomb sur laquelle sont inscrites des formules magiques. Si, malgré ces précautions, l'enfant est pris de convulsions, on fera alors venir le guérisseur qui effectuera le rite approprié : formules magiques et protections par crachats, sur le bébé, de médecines préalablement mâchées. C'est parfois le papa qui s'occupe des protections de l'enfant. Par exemple, en Inde, c'est lui qui jettera autour de la chambre des grains de riz et des sachets remplis d'herbes aux vertus protectrices. En Mongolie, il découpe dans du papier la silhouette d'un renard afin que cet animal rusé déjoue les pièges des mauvais esprits et rassure l'enfant. C'est également le père qui maintient et fait tourner trois fois son tout-petit au-dessus d'un brasero dans lequel il aura jeté du sel protecteur. La fumée fera fuir les esprits néfastes tout en enlevant la bonne odeur de bébé qui ne manquerait pas de les attirer… En Égypte, le même rituel se déroule au septième jour, mais l'enfant est tourné sept fois autour de l'encens qui purifie aussi toute la pièce. Les Coréens, pour faire fuir tout esprit malintentionné, accrochent au milieu de la porte d'entrée de leur maison une corde en paille dans laquelle sont entrelacées des branches de sapin mêlées de poivron rouge si le bébé est de sexe masculin, ou de charbon s'il s'agit d'une fille. Selon les régions, on peut aussi mettre des algues, des petites pierres ou des bouts de papier. Ce cordage dissuasif restera en place durant trois semaines. On interdira l'accès de la maison à toute personne en deuil, afin de ne pas déclencher la colère des esprits.

En Tunisie, une autre femme, la ravisseuse d'enfants, est réputée venir enlever les bébés. Pour contrecarrer ses funestes desseins, on déposera près du nouveau-né une petite bouteille d'eau et un tamis, ou bien, selon les régions, une muselière de chamelle. En Turquie, les génies les plus redoutés sont les djinns, qui pullulent dans les chambres d'enfant. Leur volonté ? Voler le nouveau-né ou encore le changer contre un de leurs enfants, ce qui aurait pour résultat de rendre le bébé infirme. On ne laissera donc jamais un enfant tout seul, à la merci de ces êtres malfaisants. On évitera également de laisser des couches en coton étendues à l'extérieur durant la nuit pour ne pas les attirer. Les Touaregs sont également persuadés que les mauvais génies sont nombreux à s'activer sous la tente d'un nouveau-né. Aussi, lorsque les femmes viennent voir le bébé, elles mettent autour de leurs yeux et de leur bouche de l'ocre jaune destinée à les éloigner.

« Dans les îles du Cap-Vert, rapporte Dominga, on dit que les esprits viennent dévorer le nouveau-né le septième jour après sa naissance. Alors la famille se réunit pour effectuer la garde du bébé toute la nuit. On dépose un couteau ou des ciseaux en haut du matelas de l'enfant, et tout le monde se place autour du berceau. On prie jusqu'au petit matin, mais on mange et on boit également. C'est comme une petite fête. »

Au Kurdistan, diverses puissances maléfiques sont accusées d'étrangler les enfants : c'est « le Noir de la Nuit » chez les Yézidis, ou le Cheché chez les Moukris. L'unique remède, dans ces pays, consiste à déposer sur le lit de l'enfant un objet destiné à faire fuir l'intrus : un exemplaire du Coran, une épée ou encore un morceau de fer. Les mêmes précautions sont en usage dans de nombreux pays, avec quelques variantes. À Wargla, en Algérie, c'est surtout un couteau que l'on mettra près du petit, afin que les bons anges puissent le défendre contre les mauvais génies qui viendraient l'échanger. Au Maroc, le couteau sera glissé dans le berceau, avec le Coran accompagné de quelques graines. Nous l'avons déjà vu, un pouvoir exceptionnel est accordé au fer dans diverses parties du monde (voir deuxième partie « La grossesse »). Il va de soi que la force protectrice du Coran est reconnue dans tous les pays musulmans.

Pour protéger la vie du tout-petit, pour le préserver contre les mauvais esprits, bien des comportements sont similaires dans différentes parties du globe. La première règle, que l'on trouve dans toute l'Afrique, mais également en Asie du Sud-Est, c'est de ne pas montrer son bonheur d'être maman et de ne pas parler de la beauté du nouveau-né. Les esprits, dit-on, seraient jaloux et chercheraient alors à lui faire du mal. On préférera dire de l'enfant qu'il n'est pas si beau, qu'il est un peu gros, etc., afin de détourner l'attention des esprits. Au Sénégal, la mère wolof pourra également simuler la vente de son enfant au marché pour que les mauvais génies s'en désintéressent. Une autre coutume, assez répandue, consiste à donner à l'enfant un surnom dépréciatif, ce qui réjouira les esprits. Cette pratique, courante en terre africaine, se retrouve en Corée où le surnom de « Crotte de chien » peut, par exemple, être employé. Les Yaos de Thaïlande surnommeront leur enfant « Petit Crapaud », et ce jusqu'à l'imposition de son nom qui se fait tardivement dans ce pays, à l'âge de douze ans. « Il existe une autre coutume en Algérie, explique Hassina. Comme les esprits préfèrent les petits garçons, on donne un surnom de fille à l'enfant s'il est de sexe mâle. On lui laisse pousser les cheveux également, pour déjouer les mauvais esprits. » L'important c'est de ne pas donner publiquement de nom qui ferait comprendre aux esprits l'arrivée d'un enfant.

Bien sûr, la meilleure façon de contrecarrer les esprits, c'est de leur cacher le nouveau-né. Pendant les premiers jours de sa vie, l'enfant, on l'a vu, sera rarement sorti de la pièce où il est né. Mais, pour davantage de sécurité, on l'emmaillote parfois entièrement. Cette pratique était courante il y a quelques décennies en France, pour soustraire le bébé à l'action des sorciers. Actuellement, en Malaisie, on pense qu'il vaut mieux que l'enfant soit enveloppé soigneusement pendant ses premières semaines de vie. « Chez nous, on continue aussi d'emmailloter, ajoute Soraya, jeune maman algérienne. Ainsi les bébés dorment bien. Ma grand-mère m'a enveloppée pendant longtemps, et, quand j'étais plus grande, je lui demandais de le refaire car j'adorais ça ! Ici, c'est ma tante qui me montre comment faire pour mon premier bébé. J'apprends… Je souhaite langer mon bébé pendant plusieurs mois pour qu'il fasse de bonnes nuits. » Les esprits malins cherchent, dit-on, à pénétrer dans l'enfant par les pieds, pour le rendre malade ou stérile.

Inversement à tous les exemples cités, les Jivaros de la forêt amazonienne cherchent à introduire le nouveau-né dans le monde des Invisibles. Dans leur pensée, la vie terrestre serait fausse, comparée à la vie surnaturelle qui détiendrait, elle, toutes les vérités. Pour avoir accès à cette vie-là, les Jivaros ont recours aux hallucinogènes. Ils pensent donc nécessaire de faire connaître très tôt à leur enfant cette existence qui lui permettra peut-être d'obtenir l'âme *arutam* grâce à une vision hallucinatoire. La personne qui possède cette âme est en effet à l'abri de toute mort violente, d'empoisonnement ou d'ensorcellement. Quelques jours après sa naissance, le nouveau-né devra donc sucer une feuille de plante faiblement hallucinogène qui aura été mâchée au préalable par l'adulte.

Le mauvais œil

Les esprits malfaisants ne sont pas les seuls ennemis de l'enfant qui vient de naître. Il est également convoité par des humains. Des personnes jalouses peuvent en effet chercher à lui nuire. Cette croyance est courante en Orient et en Afrique. Une kyrielle d'attitudes comportementales et d'amulettes visent à détourner ce « mauvais œil » qui pourrait faire tomber l'enfant gravement malade. Ainsi, le noir du khôl qui entoure les yeux du nouveau-né est considéré comme particulièrement efficace pour repousser les forces occultes. « Il faut protéger le bébé jusqu'à ce qu'il marche, commente Aziza, une Kabyle, car à ce moment-là il écrasera l'œil de la personne. »

L'individu qui jalouse le bébé n'est pas toujours conscient du pouvoir qu'il possède. Il suffit d'une mauvaise pensée inconsciente pour que le sort soit jeté. Aussi se méfiera-t-on de tout l'entourage. En revanche, la mère seule doit pouvoir sentir la rivale potentielle et soupçonnera plus particulièrement certaines femmes. Pour ne pas faire de tort à l'enfant, les personnes qui viennent rendre visite à l'enfant ne prononceront aucune parole d'envie. La mère ne sera pas félicitée et on ne louera pas les qualités du bébé. On préférera garder un comportement réservé, ignorer l'enfant ou même le déprécier, en disant qu'il n'est pas très beau. « Si des personnes viennent voir le petit et disent qu'il est beau, qu'il a de bonnes joues, on a peur, raconte Soraya, une Algérienne. Pour protéger l'enfant, on jette alors du *prör* dans le feu, ou encore on en dépose dans une compresse que l'on attache à sa cheville. » De même, on évitera tout regard un peu appuyé, signe distinctif du mauvais œil. Ne seront autorisés à toucher, ou à prendre l'enfant dans les bras, que les membres de la famille proche ou des amis sûrs. Il va de soi qu'un étranger n'aura pas le droit de voir l'enfant. Les Bakoués, en Côte-d'Ivoire, filtrent même les entrées de la case, et une vieille femme est postée à la porte en permanence pour surveiller. Toute personne admise à pénétrer dans l'habitation doit conjurer le sort en posant les pieds sur un tas de sable déposé devant l'entrée.

Dans la région de Bergama, en Turquie, la personne qui viendra visiter un enfant devra lui donner un petit cadeau avant de partir, ne serait-ce qu'un fil symbolique arraché à son vêtement. Sinon, elle sera accusée d'avoir le mauvais œil. Partout ailleurs, les femmes ont recours aux amulettes. À Wargla (Algérie), on noue à l'enfant deux fils de laine noir et blanc appelés « gauches », car c'est sur le poignet et le pied gauches du nouveau-né qu'ils seront attachés, le septième jour après la naissance. La même pratique est observée en Côte-d'Ivoire, comme le signale Suzy, une Agni : « On place un bracelet autour du poignet ou de la cheville gauche du bébé, car on se méfie des visiteurs qui peuvent paralyser les bras ou les jambes de l'enfant en les touchant. Or, la force d'un être humain se trouve dans les membres inférieurs et supérieurs. Il faut donc protéger ces parties du corps avec les bracelets de protection, et ce jusqu'à ce que l'enfant se tienne debout tout seul. » Au Sri Lanka, une coutume proche se pratique, mais pour des raisons différentes : « Nous entourons la taille de l'enfant avec un collier de perles noires et blanches. On dit que, ainsi, les gens vont regarder le collier, pas le bébé », décrit Emalda. Dans le Sud tunisien, on met un peu de suie sur le visage de l'enfant. Il sera ainsi moins désirable. La même coutume perdure en Mongolie et au Vietnam. En Asie, cette marque est le plus souvent placée au milieu du front sur un point énergétique considéré comme primordial puisque c'est par cet endroit que la force vitale peut aller et venir.

Les Muongs imaginent que la suie empêchera l'âme de sortir du corps du bébé. Et si jamais elle s'enfuit tout de même, ce signe noir lui montrera le chemin du retour. En Inde ou au Sri Lanka, c'est un point noir qui fera office de défense. En Turquie, diverses amulettes peuvent être accrochées sur l'enfant : un grain de café vert, une médaille en or ou en argent, ou, la plus prisée, une perle bleue qui suggère un œil bleu. De plus en plus, on utilise également un Coran miniature, même dans les maternités parisiennes puisque j'ai fréquemment remarqué leur présence dans le berceau des bébés musulmans. La croyance du mauvais œil se relève également dans des pays d'Amérique du Sud très imprégnés de la culture africaine, comme le Brésil. Là-bas, le mauvais œil se dit *quebranto*. Les symptômes du mal sont une apathie accompagnée de fortes diarrhées. Pour sauver l'enfant, il faudra faire appel à un guérisseur. Il dira trois fois par jour des prières en maintenant au-dessus de l'enfant des herbes au pouvoir magique.

D'autres humains peuvent porter atteinte à la santé du nouveau-né en lui transmettant une maladie mortelle. Par exemple, les femmes qui viennent d'avoir des relations sexuelles sont en général considérées comme dangereuses pour l'enfant. Chez les Tshokwés, en Angola, si un petit meurt d'une maladie qu'ils ont nommée le *zombo*, c'est qu'il a été touché par une femme qui venait d'avoir des relations sexuelles. Afin de préserver l'enfant de ce danger, on prépare un mélange de médicaments que l'on réunit dans la coque du fruit d'un arbre nommé *Acacia polyacantha*. Cette amulette constituée, on l'accrochera au cou ou à la ceinture du bébé, dès sa naissance. Au Soudan, la protection est assurée par deux morceaux de mousseline que l'on attache aux poignets, genoux, cou et taille de l'enfant. Ici encore, le danger provient d'une personne ayant eu des relations sexuelles la veille de la visite au bébé. Une femme ayant ses règles aurait le même effet néfaste. Pour prévenir les visiteurs, on place deux gros pots de plantes à la porte de la hutte, signe qu'un bébé vient de naître. Chez les Diolas, au Sénégal, on tente de protéger l'enfant contre les maladies épidémiques en lui mettant aux poignets des bracelets de tissu rouge ou en fibre de baobab. Pour lui éviter de contracter toute maladie contagieuse, le père yami, à Taïwan, doit glisser une pièce de monnaie dans la main droite de son bébé afin qu'il soit inaltérable comme le métal. Le père wolof, au Sénégal, lui mettra un bracelet d'argent au poignet droit. Cet objet précieux, le plus souvent un bijou de famille, protégera l'enfant de la maladie ou de tout autre péril. La même coutume est respectée chez les Peuls qui croient que le danger se retournera contre le métal, sauvant ainsi la vie du petit.

CHAPITRE XIX

La couvade postnatale

Nous avons vu qu'une couvade peut être pratiquée chez certains peuples lorsque la femme est enceinte (voir deuxième partie « La grossesse »). En Amérique du Sud, on retrouve une attitude similaire au moment de la naissance de l'enfant et dans les semaines suivantes. Si le père arrête ses activités quotidiennes, ou les ralentit, c'est pour transmettre toute sa force et sa vitalité à son petit et ainsi le protéger. Dans le même temps, il sera soumis, tout comme la mère, à de nombreux interdits alimentaires.

Le nouveau père tucano, en Amazonie, ne travaille pas pendant six jours pour que l'enfant grandisse avec force. La santé de son enfant en dépend, car s'il travaille, l'enfant peut tomber malade. Il reste donc dans son hamac pour se reposer et suit un régime alimentaire approprié. Le père yawalapiti, du Haut-Xingu, au Brésil, reste confiné dans son hamac pendant un mois, surtout lors de la naissance d'un premier enfant. Au Mexique, les parents seris n'avaient jusqu'à maintenant pas le droit de travailler après l'accouchement. De nos jours, la coutume s'est assouplie et ils peuvent reprendre quelque activité. Ils continuent cependant de respecter l'interdiction qui leur est faite de manger toute nourriture contenant du sang, que ce soit gibier, volaille ou poisson. La durée de ce tabou est de huit jours pour la femme et quatre jours pour l'homme. Manger de la viande pendant ce laps de temps équivaut à manger son propre enfant. Le petit serait alors souffreteux toute sa vie ; et l'interdit transgressé par la mère peut conduire à une baisse sensible de la vue. L'homme qui lui aura apporté cette viande sera également atteint ; ses activités de chasse et de pêche s'en trouveraient affectées. Enfin, un rite doit être pratiqué à l'aube du quatrième jour après la naissance : les parents vont au bord de la mer et ils se lavent les cheveux dans l'eau salée. La mère renouvellera cet acte le huitième jour. Cette purification a pour but d'enlever le sang de l'accouchement, car si la moindre trace restait dans la chevelure, l'enfant cesserait de vivre.

Au Brésil, les amants que la femme bororo aura eus pendant sa grossesse devront respecter tous les tabous, au même titre que le père et la mère. Ils ne devront donc ni pêcher, ni chasser, ni fumer, boire ou se baigner les jours qui suivent la naissance. Le mari seul aura à démontrer qu'il est vraiment le père et qu'il s'engage dans la vie de son enfant en se provoquant une hémorragie. Pour ce faire, il introduit un bâton pointu le plus profondément possible dans sa gorge, afin, dit-on, que le sang de l'enfant, resté en lui, remonte doucement de la base du pénis jusqu'à l'estomac, les poumons, et sorte finalement par la bouche. Il répète cet acte plusieurs fois jusqu'à ce que le sang soit fluide et clair. Il enveloppe ensuite le bloc de sang coagulé dans une grande feuille pour le ramener chez lui comme preuve de sa responsabilité. Chez les Txikaos du Brésil, la femme peut également avoir des relations sexuelles avec d'autres hommes que son mari lors de sa grossesse. Ces amants sont alors considérés comme cogéniteurs puisqu'ils ont aidé à nourrir le fœtus par leur semence. Ils devront donc, eux aussi, suivre les règles imposées au père pendant la couvade, avec cependant moins de rigueur. Le gibier, s'il était dégusté, provoquerait des vomissements qui pourraient entraîner la mort. Les œufs sont également prohibés, tout comme les gros poissons. La chasse, la pêche et toute activité violente seront interdites aux hommes comme à la mère, car elles seraient la cause de convulsions graves pour le bébé. Il est également déconseillé de prendre des bains en rivière pendant le mois qui suit l'accouchement. L'enfant serait pris de convulsions et les pieds du baigneur enfleraient. Les relations sexuelles sont prohibées pour le père et la mère, mais aussi pour les cogéniteurs avec d'autres femmes. La transgression de cet interdit entraînerait une mort de l'enfant par vomissements incessants. En Guyane, les parents wayanas doivent suivre un régime très strict, surtout pendant les cinq premiers jours de vie de leur enfant. Ils n'auront droit en effet qu'à un peu d'eau chaude. Pendant tout ce temps, ils resteront allongés dans un hamac l'un à côté de l'autre. Certains types particuliers de poissons pourront être consommés à partir du sixième jour. Les fruits ou légumes seront ajoutés à partir du quarante-cinquième jour. Ces repas légers seront pris à l'écart de tous, jusqu'au huitième mois de l'enfant.

CHAPITRE XXX

La naissance sociale

La cérémonie de sortie

Durant neuf mois, l'enfant a vécu dans la chaleur et dans l'obscurité d'un ventre maternel. Pendant les jours, voire les semaines qui suivent sa naissance, la réclusion le maintiendra dans un univers clos, prolongeant ainsi avec sa mère une parfaite symbiose. À la fin de la période d'isolement, il va sortir de la maison pour la première fois et sera accueilli officiellement par ses proches qui le présenteront à la communauté et lui donneront son nom. Une cérémonie se déroulera pour fêter l'intégration de ce nouvel être.

RITES D'ATTACHE À LA MAISON ET AU LIGNAGE

Plusieurs coutumes ont pour finalité de fixer l'enfant à la maison (on l'a vu pour les rites concernant le placenta). Celle-ci représente l'endroit où il doit vivre et où il gardera ses attaches familiales.

Chez les Balalis du Congo, la mère passe l'enfant à l'oncle paternel par une ouverture que ce dernier aura pratiquée dans le toit de la case. Ainsi est symbolisée la naissance sociale qui se matérialise par la

« maison-matrice » qui s'ouvre afin que l'enfant soit accueilli par la famille. En Malaisie, après la période de réclusion, la mère sort et pose les pieds de son bébé sur le sol. Elle le reprend ensuite dans ses bras et fait trois fois le tour de sa maison pour, dit-on, que l'enfant se souvienne de son foyer d'origine. Chez les Éwés du Togo, c'est généralement la tante paternelle qui accomplit le rite de sortie de l'enfant. Elle le prend dans ses bras et le présente pour la première fois au Soleil avant de le poser sur le sol du village. On déverse ensuite de l'eau sur le toit de la maison, que le bébé reçoit ensuite sur la tête. Ce rite de purification et d'intégration peut être répété trois ou sept fois selon les clans, avant l'imposition du nom. Quelques jours plus tard, l'enfant sera présenté à la Lune. Un rite similaire se déroule chez les Yamis de Taïwan. Le matin, le père de l'enfant va puiser de l'eau à l'endroit où est située la source appartenant au lignage paternel. Il rapporte de l'eau de cette source, symbole de vie, en prenant soin de ne pas en renverser une seule goutte, sinon l'enfant mourrait. Il grimpe ensuite sur le toit de sa maison pour défier les morts avec son sabre, une arme qu'il aura préalablement trempée dans l'eau précieusement collectée. Le bébé se voit attribuer un nom lorsque le soleil est à son zénith. Les parents, grands-parents, ainsi que la sage-femme prendront sur la lame d'un couteau quelques gouttes de l'eau rapportée par le père. Ils les déposeront chacun leur tour sur le sommet du crâne du nouveau-né, à l'emplacement supposé de l'âme. Après avoir nommé le bébé, les personnes présentes verseront de l'eau dans la main droite de l'enfant pour bien l'intégrer dans son lignage.

En Inde, c'est dans la maison natale que le destin du nouveau-né sera révélé. La tradition veut que la déesse du Destin pénètre dans la maison et inscrive la destinée de l'enfant sur son front. Cet événement survient la nuit suivant l'apposition bénéfique de la marque rouge sur le front de l'enfant, c'est-à-dire lors du sixième jour. Cette déesse peut également l'inscrire sur une feuille. Aussi dispose-t-on papier et encre près du bébé cette nuit-là. À Madagascar, le front de l'enfant zafimaniry est barbouillé de suie provenant de l'âtre de la maison, juste avant l'imposition du nom. La famille présente sera marquée par des signes tracés à la craie sur tout le visage. Pour les Malgaches, la craie est en effet un signe de prospérité et de bénédiction. Un rite d'attache à la maison natale est aussi pratiqué dans la campagne cap-verdienne, comme le signale Dominga : « Le huitième jour, la maman prend son bébé dans les bras et fait avec lui le tour du propriétaire. Elle lui dit : "Tu vois, ici se trouve la cuisine, ici c'est ta chambre", et ainsi de suite pour toutes les pièces de l'habitation. De cette façon, l'enfant connaît son territoire et aucun esprit ne pourra lui faire de mal à l'intérieur de sa maison. » La même coutume se retrouve au Vietnam, mais cette fois-ci c'est le père qui se charge de faire connaître chaque endroit à l'enfant.

LE CONTACT AVEC LA TERRE NATALE

Comme cela a déjà été pratiqué lors de l'accouchement, l'enfant sera mis en contact avec sa terre de naissance dès sa sortie de réclusion, afin qu'il prenne conscience de ses racines et qu'il y revienne toujours.

Dans l'île de Selaru (en Indonésie), l'oncle maternel du bébé se tient sur le seuil de la maison natale pour accueillir l'enfant le jour de sa sortie. Mais avant de recevoir son nom, le bébé passera dans les bras d'un dignitaire du village qui mettra pour la première fois l'enfant en contact avec la terre. Chez les Tshokwés d'Angola, on se réunira autour de l'arbre symbolisant les ancêtres enracinés dans la terre. Cet arbre, le nouveau-né et toute la famille seront poudrés de blanc de kaolin. Du manioc sera ensuite répandu autour de l'arbre, et on arrosera la terre du sang d'un gibier sacrifié en offrande aux ancêtres de la famille. Les Dogons du Mali croient que les âmes du sexe féminin et du sexe masculin sont dessinées sur le sol. Dès la naissance, le nouveau-né devra donc toucher le sol avec ses pieds et ses mains pour que ces âmes pénètrent en lui. Il possédera alors deux sexes opposés. Pour rééquilibrer l'enfant, pour que plus tard il puisse avoir à son tour des enfants, les Dogons pensent qu'il faut ôter le clitoris aux filles et le prépuce aux garçons. Ce rééquilibrage sera effectué lors de l'excision et de la circoncision. Ainsi le sang qui coulera lors de ces mutilations retournera à la terre qui a transmis les âmes sexuelles.

LES MARQUES CÉRÉMONIELLES

Pour sa première sortie, l'enfant sera paré de signes distinctifs avant d'être présenté à la communauté. On l'habillera avec des vêtements neufs. À la fin du mois de réclusion, le bébé japonais sera conduit à une cérémonie au sanctuaire shinto pour un rituel purificateur, paré de son premier kimono tout blanc, symbole de pureté.

Plusieurs ethnies africaines et asiatiques lui rasent également la tête. On imagine, en effet, qu'il arriverait malheur à l'enfant s'il gardait ses premiers cheveux que l'on juge encore imprégnés de son univers surnaturel antérieur. Les Soussous de Guinée-Conakry les coupent avec un couteau et les enfouissent immédiatement à l'abri des regards. Si un sorcier venait à connaître la cachette, il pourrait les déterrer et les utiliser à des fins maléfiques. «Nous faisons de même lors de la cérémonie du septième jour, note Maïmouna, une Bambara sénégalaise. C'est la tante paternelle de l'enfant qui rase la tête du nouveau-né avec une lame de rasoir et qui enterre les cheveux dehors. Le bébé doit grandir avec ses nouveaux cheveux. » « Chez nous, on ajoute une tradition, précise une maman soninké, une fois les cheveux rasés, on les pèse. Ensuite, le papa achète le poids des mèches en or. Par exemple, mon fils avait deux grammes de cheveux, on a acheté deux grammes d'or qu'on garde pour lui quand il sera grand. » Dans plusieurs sociétés asiatiques, ce ne seront que quelques mèches de cheveux qui seront coupées avec des ciseaux et jetées à l'écart de la maison avant l'imposition du nom. Cette coutume se retrouve au Sri Lanka : « Le matin de la sortie, on fait venir le coiffeur à la maison, expose Emalda. Il rase les cheveux de l'enfant, mais il ne faut surtout pas les garder. Il faut les jeter dans le caniveau. Après, on organise une fête avec la famille et les amis. » Patricia, une Guadeloupéenne, est fort surprise : « Ces coutumes sont bien différentes des nôtres ! Chez nous, c'est tout le contraire : on dit qu'il ne faut jamais couper les cheveux d'un bébé, sinon il ne saura pas bien parler. On ne les lui coupera pas avant l'âge de trois, quatre ans. »

D'autres ethnies décorent le corps de l'enfant. Par exemple, le nouveau-né agni, en Côte-d'Ivoire, aura le visage et les membres enduits d'une pâte verte à base de feuilles écrasées. On le déposera ensuite dans une cuvette pour que chaque villageois vienne l'admirer. Chez les Minyankas, au Mali, l'enfant ne recevra son nom qu'au moment de la présentation devant les autels religieux. Le signe des premiers ancêtres de la famille sera alors tracé sur le corps du bébé à l'aide d'une bouillie de mil cru. Au Brésil, la maman bororo présentera d'abord son enfant aux femmes sur la place du village. Celles-ci entonneront alors un chant de bienvenue, tout en faisant passer le bébé de main en main. On le couvrira ensuite de peintures rituelles et on l'ornera de plumes pour la cérémonie du nom. Le rôle majeur est confié à l'oncle paternel. Celui-ci percera la lèvre inférieure du nouveau-né, puis clamera son nom en élevant le bébé dans les airs. La coutume veut que la maman du petit pleure à cet instant précis, car cette cérémonie marque la première étape de l'éloignement de son enfant. À l'inverse, les Muongs, au Vietnam, insistent sur les liens de la famille qui doivent être resserrés. Lors de cette cérémonie, on invite la nouvelle âme à partager le repas et à pénétrer dans le corps. On enroule au poignet du bébé un fil de coton tressé qui symbolise le fil ininterrompu de la vie entre chacun. Le bracelet qu'on attache permet de maintenir le petit en vie, toujours relié au lignage.

L'imposition du nom

Donner un nom à un enfant qui vient au monde est un acte considéré comme important dans toutes les sociétés. Cette pratique universelle est l'une des premières étapes d'intégration sociale qui va permettre à l'enfant d'être reconnu en tant que tel. Parfois, ce nom sera impérativement donné à la naissance. Ainsi, en Turquie, la sage-femme prononce le nom de l'enfant au moment précis où elle coupe le cordon ombilical, afin que le bébé ait immédiatement une identité si, par malheur, il venait à décéder. La même coutume se retrouve en Malaisie, où l'on peut même changer ensuite plusieurs fois de nom. Chez les Esquimaux, la tradition veut qu'une âme, l'« âme-nom », soit liée à l'« âme-vie » de l'enfant. Dès que le nom aura été chuchoté à l'oreille de l'enfant, l'âme-nom s'introduira dans le nouveau-né par une voie qui lui est attribuée : l'anus. Elle remontera alors dans le corps pour atteindre le cou qui est la partie où elle séjournera définitivement. Si elle n'est pas intégrée au corps, l'enfant tombera gravement malade. Voilà pourquoi il faut nommer le bébé au plus tôt. Cependant, dans la plupart des autres ethnies, on attendra la fin de la réclusion pour donner un nom au nouveau-né.

D'ailleurs, les rites d'imposition du nom coïncident avec les cérémonies de sortie de la mère et de l'enfant. C'est la pratique la plus courante en Afrique noire. On estime à cet instant que l'enfant a surmonté les moments les plus difficiles. Pour d'autres encore, un temps d'attente beaucoup plus long devra être observé. Ainsi, l'enfant tucano, en Amazonie, ne sera nommé qu'à l'âge de trois ans, époque à laquelle il sera jugé apte à comprendre. Jusqu'à cette date, il sera appelé « Sans-nom ». Chez les Tenggers, à Java, c'est le quarante-cinquième jour qui sera choisi pour donner un nom à l'enfant. Le bébé sera alors devenu un être parfaitement humain puisque les esprits qui l'habitaient seront repartis chez eux. Chez les Txikaos, au Brésil, on pense que le bébé est achevé biologiquement lorsqu'il tient sa tête droite, et il ne recevra donc son nom qu'à ce moment-là. Au Soudan, à l'âge d'un mois, l'enfant passe du stade « faible » à celui de « délicat ». Il pourra alors recevoir son nom. Durant ce laps de temps, les parents auront eu le loisir de l'observer pour détecter les signes de ressemblance avec un ancêtre dont l'enfant portera alors le nom. L'enfant diola, au Sénégal, sera très tôt présenté aux lignages des parents, mais il ne recevra un nom définitif qu'à l'âge d'un an. Auparavant, il sera dénommé « Petit ». Les Baruyas de Nouvelle-Guinée, quant à eux, lui donnent un nom assez tardivement, et ce, uniquement lorsque sa bonne santé semble assurée.

Le choix du nom

Choisir un nom pour son enfant est une tâche délicate. Les Occidentaux s'en préoccupent parfois dès la déclaration de grossesse. Cette façon de faire est cependant étrangère aux sociétés traditionnelles qui ne se risqueront jamais à choisir un nom avant la naissance, de peur qu'un malheur frappe l'enfant. Si l'honneur de donner le nom revient parfois à la tante paternelle, c'est en général le père ou le grand-père paternel de l'enfant qui le choisit. On peut également avoir recours à un homme extérieur à la famille. Ainsi, les Bororos et les Tucanos, en Amazonie, s'en remettent à l'homme qui possède le plus haut niveau intellectuel du village. En Afrique, on consulte parfois les vieux initiés de la communauté ou le marabout, comme le précise Maïmouna du Sénégal : « Le nom est parfois déjà choisi par la famille et on en fait part au marabout, mais c'est toujours lui qui rend le nom public. Il le souffle tout d'abord à l'oreille du bébé puis il le proclame. » Si la famille est d'origine musulmane, c'est un homme qui donnera le nom à l'enfant en fonction du Coran, comme l'explique Siaka, une Wéménou du Bénin : « La personne lit le Coran pendant huit jours après la naissance. Les huit jours sont nécessaires, car avant ce laps de temps, on sait que l'enfant peut mourir. S'il part avant le huitième jour, il n'est pas considéré comme notre enfant. Au huitième jour, à 10 h 30 du matin, la personne arrête de lire le Coran et choisit un prénom qu'il y a sur cette dernière page. Les parents continuent de le faire au pays et ils ne sont pas contents d'apprendre que l'enfant a déjà un nom à la naissance en France. On leur explique que c'est obligatoire, mais ils redonnent un nom qui sera utilisé là-bas. Par exemple, j'ai appelé ma première petite fille Andilath à sa naissance à Paris. Mes parents ont fait le baptême du huitième jour au Bénin, et le nom choisi par le Coran a été Adeniké. C'est le nom qu'elle porte alors là-bas. »

NOM D'UN ANCÊTRE

Donner à un nouveau-né le nom d'un ancêtre est une pratique courante sur plusieurs continents. Cet usage permet de faire revivre le nom du défunt et de lutter contre l'oubli. Il est même courant en France de donner à son enfant le prénom d'un grand-parent, même si celui-ci est toujours vivant. En Afrique, cette coutume revêt une signification primordiale : on pense généralement que l'enfant sera alors sous la protection de cet ancêtre et qu'il en héritera les qualités, ainsi que sa puissance vitale. Afin de choisir le bon nom, on observera avec attention le nouveau-né. Des ressemblances physiques permettront alors d'identifier l'aïeul protecteur. Ce nom sera généralement frappé d'interdit. Il ne sera même souvent connu que de l'enfant et de ses proches. Un ou plusieurs autres noms communs viendront s'ajouter pour l'usage courant, déjouant ainsi les éventuels maléfices. « Parfois il est facile de reconnaître l'ancêtre, estime Awa, Malinké du Mali. J'avais un ancêtre aux cheveux bouclés, et mon premier enfant a la même chevelure. C'est mon ancêtre qui est revenu. Mais quelquefois c'est plus difficile. On a alors recours à la divination. »

NOMS PAR DIVINATION

Les Maffas du Cameroun auront recours à la divination, à l'aide de cailloux ou de brindilles. Plus rarement, le tirage se fera à la courte paille (Touaregs du Sud algérien). Si le nom tiré au sort n'est pas apprécié à l'unanimité, chacun apportera alors une petite chèvre qui recevra un des noms proposés. On appellera ensuite la mère de l'enfant qui devra choisir la bête qu'elle préfère. L'enfant portera alors le nom de la chèvre sélectionnée. L'animal, lui, sera égorgé et mangé lors du repas cérémoniel. En république de Guinée-Conakry, les Soussous utilisent une bague pour connaître le nom du défunt qui habite l'enfant. Cet anneau est tout d'abord trempé dans de la pâte de riz, puis lancé sur un mur que l'on aura préalablement enduit de cendre et d'eau. À chaque jet, le nom d'un défunt est prononcé. Quand la bague reste collée au mur de la case, le nom est donné. « Nous utilisons les cauris pour connaître le nom, déclare Awa, une Malinké du Mali. On peut aussi dessiner les noms des ancêtres sur le sable ou dans la terre et choisir le bon prénom, mais il faut avoir des dons spécifiques pour pratiquer ce genre de divination. » En Égypte, pour choisir entre plusieurs noms, on écrit un nom différent sur sept papiers. Lors de la cérémonie du septième jour, ces papiers sont chacun éclairés par une bougie. La dernière qui sera consumée révélera le nom que devra porter l'enfant.

NOMS LIÉS AU JOUR DE LA NAISSANCE

En Afrique et en Amérique du Sud, l'enfant porte parfois le nom du jour de la semaine de sa naissance. De plus, il est d'usage, en Amérique du Sud, de lui donner le nom du saint du jour. « Cet usage était aussi en vogue aux Antilles, raconte Patricia, une Guadeloupéenne. On donnait au bébé le nom du saint du calendrier. C'était facile de se souvenir de son anniversaire ! Maintenant, cela ne se fait plus beaucoup. » Chez les Bakoués de Côte-d'Ivoire, on attribue parfois au nouveau-né le nom d'un étranger arrivé pour la première fois au village le jour de la naissance. En Inde, c'est la constellation sous laquelle l'enfant est né qui guidera le choix du nom. Une lettre est attribuée à chaque constellation. Le nom devra commencer obligatoirement par cette lettre. Emalda, une Sri Lankaise, explique que cette coutume est assortie d'une autre contrainte : « On doit également calculer le chiffre que portera l'enfant en numérologie. C'est très important. À chaque lettre correspond un chiffre. En additionnant les chiffres du nom, on trouve un total qui indique la valeur de l'enfant. Pour ma petite fille, la première initiale devait être la lettre E. Nous avons trouvé Elen. Elle portera ainsi le chiffre 5. C'est un bon chiffre. On sait qu'en France ce prénom s'écrit avec un *h*, mais on espère que ce sera accepté à l'état civil. »

NOMS LIÉS AUX CIRCONSTANCES DE L'ACCOUCHEMENT

En Afrique, il est courant que le nom de l'enfant témoigne des circonstances particulières liées à l'accouchement. Si, par exemple, la mère accouche dans la brousse, l'enfant mâle peut être nommé « Homme de la brousse ». Si l'événement est survenu sur le bord de la route, et s'il s'agit d'une fille, elle s'appellera « Fille du chemin ». Dans les pays où les jumeaux sont accueillis comme un heureux présage pour la communauté, on leur donne un nom qui permettra tout de suite de les identifier. Par exemple, chez les Wéménous du Bénin, ils portent le nom de « Singe gris » car, selon une légende, ils prendraient, la nuit, la forme de cet animal pour aller dans la brousse et redeviendraient humains au petit jour. Après avoir eu des jumeaux, on pense que la mère doit engendrer un autre enfant afin de « fermer le trou » que les jumeaux auraient créé. L'enfant né après des jumeaux se nommera donc, par exemple, « Le trou est fermé ». Si le vide laissé par les jumeaux n'était pas comblé, la mère serait alors ouverte aux maladies, à la stérilité ou à la mort. D'autres événements particuliers liés à la naissance peuvent être évoqués dans le nom de l'enfant : sa position lors de l'accouchement, l'enroulement éventuel du cordon autour du cou, malformations, etc. Par exemple, chez les Wéménous toujours, un enfant né par le siège ou les pieds en premier s'appellera Agosu, si c'est un garçon, et Agosi, si c'est une fille. Le mot *ago* signifiant « né à l'envers ».

NOMS LIÉS À LA PLACE DE L'ENFANT DANS LA FAMILLE

Cette coutume est fréquente en Asie et en Afrique. On indique par le nom le rang qu'occupe l'enfant parmi les autres frères et sœurs : premier, deuxième, etc. « Si on a donné naissance successivement à trois enfants du même sexe, le troisième portera un nom spécifique, souligne Suzy, une Agni de Côte-d'Ivoire. J'ai déjà eu deux garçons et je viens d'accoucher d'un troisième petit garçon. Je l'ai donc appelé N'Geuessan, ce qui signifie : troisième d'une série de trois enfants du même sexe. Si on a trois petites filles, la troisième portera également ce même nom. » Une pratique similaire s'observe en Chine, comme le souligne Hang : « Si c'est un prénom composé, c'est-à-dire s'il comprend deux caractères, et si l'on a deux enfants du même sexe, un des caractères doit correspondre à l'aîné des deux enfants. »

NOMS CHOISIS PAR LE NOUVEAU-NÉ

Chez les Esquimaux, on prétend que si l'enfant crie à la naissance, c'est pour réclamer un nom. Aussi, chez les Inuits du Groenland, la mère ou la sage-femme chuchotera-t-elle plusieurs noms dans le creux de l'oreille du bébé. On notera les réactions de l'enfant. S'il crie ou s'il pleure, c'est que le nom ne lui plaît pas. S'il s'apaise et s'endort, c'est qu'on a enfin trouvé le nom qui lui convient, généralement celui d'un défunt. Chez les Mossis, en Haute-Volta, le même procédé est utilisé. Cette fois-ci, les noms des défunts ne seront pas murmurés à l'oreille, mais cités à haute voix par une tante paternelle qui se tient à l'extérieur de la case. Ici encore, le nom sera choisi selon les réactions du bébé.

CONCLUSION

Une traversée mortelle

Il existe une expression khmère très imagée pour désigner l'acte de naissance : traverser le fleuve. Il est vrai qu'une femme affronte de nombreux périls lors de cette traversée. Elle peut même y côtoyer la mort. Suivant l'état du fleuve, certaines goûteront un voyage paisible. Pour d'autres, le périple sera plus périlleux. La femme qui atteint l'autre rive est récompensée : elle est devenue mère, une situation enviable, et sera d'ailleurs fière d'avoir enduré avec succès les épreuves de ce rite de passage.

Mais chaque année, si cent cinquante millions de femmes s'embarquent sur le fleuve, six cent mille n'atteignent jamais l'autre rive, selon les dernières estimations de l'OMS et de l'Unicef. Or, 99 % de ces décès concernent les pays en développement. Le continent sud-américain est moins affecté que l'Océanie et l'Asie, mais le taux le plus élevé est relevé en Afrique où l'on dépasse mille morts pour cent mille naissances. Le triste record mondial étant détenu par la Guinée avec seize cents morts pour cent mille naissances. Sans oublier les quinze millions de femmes qui resteront frappées d'incapacité suite à des complications de grossesse.

• Les grossesses

Le risque de complications s'accroît avec des grossesses nombreuses ou rapprochées. Selon les experts, les complications graves augmentent après la naissance d'un troisième enfant. Or, nous avons vu l'importance accordée à la fécondité dans des pays où le statut de la femme dépend largement du nombre d'enfants à qui elle donne le jour. Dépendante financièrement de son mari, la femme subira le plus souvent contre son gré des grossesses répétées, afin de garder sa place au sein de la famille et d'éviter l'arrivée d'une coépouse qui satisferait le désir d'enfants de son époux. C'est en effet plus souvent le mari, ou la belle-mère, qui pousse une femme à avoir d'autres enfants. Au Nigeria, par exemple, selon une étude de l'OMS, 88 % des hommes et 78 % des femmes ont déclaré que les hommes avaient plus d'influence que les femmes au sein de la famille. Le jugement péjoratif que portent certains maris à l'encontre des méthodes contraceptives enlèvera donc souvent à une femme la possibilité d'espacer ses naissances. Dans le nord du pays, les femmes doivent d'ailleurs demander l'accord de leur époux pour s'adresser aux services de planification familiale. Au Népal, ce sont les belles-mères qui ont le plus d'influence sur les décisions qui doivent être prises par une femme enceinte.

Autre risque à prendre en compte : le mariage précoce. Dans de nombreux pays, les jeunes filles se marient très tôt et conçoivent un enfant trop vite. Selon une étude réalisée en 1995 en Égypte, par exemple, où l'âge légal du mariage est pourtant fixé à seize ans, il ressort que quatre femmes sur dix se sont mariées avant cet âge, et six sur dix sont tombées enceintes pendant l'année du mariage. Au Niger, ce sont 73 % des femmes vivant en zone rurale qui se sont mariées avant dix-huit ans, dont 33 % entre douze et quatorze ans, âge également de leur première grossesse. Or, une grossesse précoce peut être à l'origine de lésions graves, telles les fistules, voire du décès de la jeune maman. Ces fistules (un déchirement) surviennent le plus souvent lorsque la tête de l'enfant reste coincée pendant plusieurs jours, comprimant ainsi la vessie, ce qui entraîne la rupture de la cloison qui sépare la vessie du vagin. Cet accident est fréquent chez les jeunes filles dont le corps n'est pas encore assez formé pour donner naissance à un enfant dans les meilleures conditions physiologiques. Il est également accru par certaines méthodes traditionnelles, telles que les pressions abdominales pratiquées lors des accouchements difficiles. Les retombées sociales de cette lésion sont dramatiques. En effet, la jeune fille est rejetée par son mari, par sa propre famille et par toute la communauté en général.

L'urine qui coule alors par son vagin la rend en effet si malodorante qu'elle vivra comme une pestiférée, abandonnée de tous. Le Dr Kees Waaldijk, chirurgien spécialiste de cette maladie au Nigeria, estime qu'environ deux millions de femmes souffriraient de cette infirmité en Afrique. Selon un rapport du Fonds des Nations unies pour la population, le FNUAP, c'est quelque quarante mille femmes qui en mourraient chaque année.

• Les mutilations sexuelles

L'excision (ablation du clitoris) est pratiquée en Afrique, en Inde et en Asie occidentale, à des âges variant selon les régions. L'infibulation (la suture des petites lèvres après excision) est surtout pratiquée en Afrique orientale pour sauver l'honneur de la famille jusqu'au mariage. C'est le mari qui, d'un coup de poignard, fera une ouverture pour la pénétration. Cette ouverture sera agrandie au moment de l'accouchement pour permettre le passage du bébé.

Ces mutilations toucheraient soixante-quinze millions de femmes, dont une majorité d'Africaines. Contrairement à certaines idées reçues, les petites filles musulmanes ne sont pas les seules concernées, de même que certains musulmans ne pratiquent aucune mutilation. Il est également erroné de prétendre que ces mutilations ont été imposées par le Coran, qui n'y fait aucunement allusion. Elles privent la femme d'une zone érogène importante et mettent ainsi l'accent sur le rôle capital dévolu à une femme : être mère. Outre la douleur provoquée lors de ces mutilations, qui sont souvent effectuées sans anesthésie, il faut aussi constater la formation de kystes, ainsi que la contamination par infections graves, comme le tétanos, infections causées par des instruments souillés. La quasi-totalité des femmes de certains pays, selon l'Unicef, subiraient ces mutilations : en 1996, 98 % des femmes à Djibouti, en Somalie, au Soudan ou en Gambie, 80 % en Égypte ou au Mali. On le sait, les risques d'infection et d'hémorragie sont grandement accrus au moment de l'accouchement de ces femmes mutilées, autant de facteurs aggravants qui entraînent bien souvent la mort de la mère en couches.

LA DISCRIMINATION SEXUELLE

À la naissance, on l'a vu, le bébé de sexe féminin est moins bien accueilli que celui de sexe masculin, et cette injustice perdure tout au long de la vie. Selon une étude de l'Unicef en Asie et en Afrique, les petites filles recevraient une alimentation moindre en qualité et en quantité que leurs frères. Elles seraient également conduites plus tardivement à une consultation médicale en cas de maladie grave. La malnutrition peut alors avoir des conséquences dramatiques lorsque la femme atteint l'âge de procréer. Des études prouvent, par exemple, que la carence en fer des femmes enceintes est fréquente sur toute la planète, accroissant le risque de mortalité maternelle et fœtale. D'autre part, on poussera volontiers un garçon à s'instruire, à aller à l'école, mais aucun effort ne sera fait pour donner une éducation décente à une petite fille. Plus tard, quand celle-ci sera sous la responsabilité de son mari, elle sera souvent victime de sévices. Pour se déculpabiliser, les maris musulmans se retrancheront derrière les droits que donne le Coran à un mari sur son épouse, puisqu'il est dit que le mari est autorisé à punir sa femme pour désobéissance ou mauvaise conduite… Selon un rapport de la London School of Hygiene and Tropical Medicine, ces violences s'accentueraient dans certains pays après l'accouchement si la femme n'est pas parvenue à donner naissance à un fils, ou bien parce que l'enfant qu'elle attendait est décédé pendant l'accouchement.

Tous ces facteurs, ajoutés à des conditions de vie difficiles pour les femmes issues d'un milieu rural, qui continuent à travailler aux champs jusqu'au jour de leur accouchement, sont un terrain idéal pour mettre un enfant au monde dans les pires conditions. Et cela persistera tant que la femme sera traitée comme un paria. Une amélioration notable de son sort ne peut être obtenue que par une évolution profonde de la condition féminine et des mentalités. Cette amélioration ne pourra survenir que si les fillettes et les jeunes filles ont accès à l'éducation et à l'instruction. Ainsi pourront-elles mieux connaître et imposer plus tard leurs droits fondamentaux, plutôt que subir des sévices avec fatalité, ou même les considérer comme normaux, puisque appliqués à l'ensemble des femmes de leur communauté.

La tradition contre la technique

Dans les pays en développement, 60 % à 80 % des naissances, on l'a vu, se déroulent à la maison, sous la houlette de sages-femmes traditionnelles ou de membres de la famille maternelle. Plusieurs raisons justifient ce pourcentage élevé. Tout d'abord, une grande défiance vis-à-vis de l'hôpital. Ce lieu n'est pas considéré comme l'endroit idéal pour accoucher. La naissance, en effet, est vécue dans toutes les sociétés traditionnelles comme un événement naturel et social. Il ne doit donc pas être entrepris loin de la famille, dans un univers étranger. L'hôpital est plutôt ressenti comme un endroit où l'on souffre, où l'on meurt. La méfiance des femmes à l'égard des soins pratiqués dans ces établissements n'est d'ailleurs pas sans fondements. Au Ghana, par exemple, des recherches ont révélé que, dans certains hôpitaux du pays, un tiers des décès maternels pouvaient parfois être la conséquence d'infections obstétricales. En cas de césarienne, six femmes sur dix développaient des infections. D'autres études ont dévoilé que l'attente moyenne pour une césarienne dans un hôpital nigérien était de vingt-quatre heures. Ailleurs, l'argent manque pour équiper efficacement les salles de travail.

Mais ce que redoutent le plus les futures mères, c'est que le personnel hospitalier ne prenne pas en compte leurs croyances traditionnelles. Ainsi, au Niger, les futures mères veulent accoucher en position accroupie, car elles considèrent cette position plus sûre pour l'enfant. Selon une étude menée dans ce pays en 1994, les sages-femmes des centres de santé ne l'entendent pas ainsi. Si, malgré tout, la future mère parvient à accoucher selon les règles de la tradition, elle sera méprisée par l'équipe médicale et on l'obligera même à nettoyer le sol juste après l'accouchement… Ailleurs, ce sont les membres de la famille qui ne sont pas acceptés. Si on ne respecte pas leurs traditions, les futures mères continueront à fuir l'hôpital et préféreront donner naissance à la maison. Certains exemples sont à suivre : à Tuvalu (en Océanie), les femmes qui accouchent peuvent faire entrer leur mère, tante ou autre dans la salle de travail. C'est la sage-femme traditionnelle qui conduira l'accouchement, aidée d'une sage-femme qualifiée.

Encore faut-il que les femmes puissent arriver jusqu'au centre de soins. Selon le lieu, cela semble impossible : en Tanzanie, 54 % des femmes vivent à plus de cinq kilomètres d'une maternité, dont un gros pourcentage à plus de trente kilomètres. En Papouasie-Nouvelle-Guinée, le centre de santé le plus proche se trouve parfois à quatre ou cinq jours de marche. Au Sénégal, il n'existe qu'un seul hôpital pour les quatre cent mille habitants de la région de Tambacounda. Les habitants vivent pour la plupart à dix ou douze heures de marche de cet établissement. Les exemples ne manquent pas, et cet éloignement est un handicap majeur pour une femme enceinte qui souffre de complications. Quelques kilomètres, cela nous semble pour nous, Occidentaux, peu de chose. Mais dans les régions où les voies de communication sont incertaines et où les moyens de transport sont rares, il en va tout autrement. En Chine, par exemple, les problèmes de communication seraient à l'origine de 15 % des décès maternels. Les futures mères, souffrantes, agonisantes, arrivent à l'hôpital tard, trop tard ou… parfois déjà mortes. Lorsqu'elles y parviennent. En effet, selon une étude du FNUAP (Fonds des Nations unies pour la population), la décision de se diriger vers un établissement médical serait liée au coût du transport, une somme que le mari hésite souvent à débourser. Celui-ci, par ailleurs, sait qu'il aura des frais supplémentaires si sa femme est soignée à l'hôpital. Dans de nombreux pays, c'est en effet la famille qui doit aller acheter les médicaments et toutes les fournitures nécessaires à la pharmacie, en priant pour que celle-ci soit ouverte ou ne soit pas en rupture de stock… Pendant ce temps, la femme souffre, et, si l'attente est trop longue, peut décéder. Que vaut la vie d'une femme ? Pas grand-chose, semble-t-il, dans des pays où elle compte peu dans la balance économique et moins encore dans la vie politique. L'existence d'un nouveau-né pèse encore moins lourd… Or, le décès de la mère entraîne fatalement la mort du petit qu'elle porte. S'il est né avant la disparition de sa mère, il ne lui survivra bien souvent que quelques mois, tout au plus.

Une solution immédiate : la formation des sages-femmes traditionnelles

Dans ce contexte défavorable, les organismes de santé ont compris que la méthode la plus efficace était de passer par l'intermédiaire des sages-femmes traditionnelles. Ces femmes âgées font partie de la communauté. Elles sont connues, respectées de tous les villageois. La confiance que les femmes leur portent est inversement proportionnelle à celle accordée à une sage-femme qualifiée. Les futures mères accouchent chez elles, entourées des personnes de leur choix, et les pratiques traditionnelles sont respectées. Beaucoup d'entre elles commencent à être formées pour réaliser des accouchements dans de bonnes conditions d'hygiène afin d'éviter les infections. Celles-ci entraînent dans certains endroits un tiers des décès maternels, deuxième cause de mortalité après les hémorragies. Dans la plupart des cas, ces gestes suffisent pour que tout se déroule au mieux. Reste les 10 % de grossesses à risque. Le rôle des sages-femmes traditionnelles est, là encore, capital. On leur apprend à dépister les facteurs de risque et ainsi mieux orienter les femmes vers la maternité en cas de complications. Les expériences déjà en cours dans plusieurs pays sont très encourageantes. Le suivi et les soins qui sont pratiqués pendant la grossesse et l'accouchement continuent les semaines qui suivent la naissance. Ces visites postnatales sont primordiales car c'est pendant cette période que la mère et le nouveau-né sont le plus vulnérables aux maladies. Or, comme nous l'avons vu, une réclusion est très souvent imposée en milieu rural. La femme ne sortira donc pas son enfant de la maison. La surveillance de la matrone pendant cette période sera utile pour déceler une complication ou une infection. De plus, la confiance que lui accorde la famille permettra de suivre sans délai les conseils donnés et d'être mieux informés.

L'accouchement médicalisé occidental : un exemple à suivre ?

Les coutumes de naissance décrites dans cet ouvrage sont celles qui prédominent dans les communautés villageoises. Dans le futur, ces pratiques traditionnelles vont peut-être disparaître, s'ouvrant aux techniques médicalisées. Déjà, l'influence occidentale a envahi les grandes villes. Cette évolution touche surtout les employés et fonctionnaires citadins. Mais les méthodes occidentales sont-elles un modèle en matière d'accouchement ?

Si l'on compare les taux de mortalité maternelle et infantile des pays développés avec ceux des pays en développement, la différence est bien entendu considérable. Sur les six cent mille femmes qui décèdent dans le monde, suite à des complications liées à la grossesse ou à l'accouchement, six mille sont enregistrées dans les pays industrialisés, soit 1 %. L'apport médical et technologique est de toute évidence un moyen de sauver des vies humaines. Mais n'est-il pas devenu trop présent, trop envahissant ? Il semblerait qu'aucun accouchement ne puisse plus aujourd'hui se dérouler sans aide technique. Allongée sur le dos, monitorage fixé sur le ventre, péridurale scotchée dans le dos et tensiomètre électronique serré au bras… la future maman est fermement liée à son lit d'accouchement, avec peu de possibilités de mouvement. Voilà donc nos rites modernes de naissance. Décidément, l'homme tentera toujours de maîtriser comme il le peut cet événement qui le dépasse. Comme les femmes des sociétés traditionnelles qui font confiance à leurs matrones, nous avons nos propres sorciers avec leur technique pour faciliter l'accouchement. La potion magique ne sera pas à base d'herbes, mais à base d'ocytociques. Cette hormone de synthèse, injectée par voie intraveineuse, a le pouvoir d'accélérer les contractions à une cadence artificielle. Bien entendu, la future maman aura très mal, car les contractions ne seront pas naturelles et vont imposer un rythme douloureux. Peu importe, notre sorcier moderne utilise une autre technique infaillible qui va éloigner le mal : la péridurale. On ne dit pas cependant aux femmes que l'utilisation de ce puissant analgésique conduit souvent à l'utilisation des forceps pour extraire l'enfant du corps de la mère qui ne peut plus contrôler ses poussées.

D'ailleurs, qu'en est-il de ce nouveau-né qui n'est plus accueilli humainement, mais médicalement ? N'est-il pas devenu usuel, dans de nombreuses maternités françaises, de mettre l'enfant en couveuse pendant deux heures après l'accouchement, alors qu'il est en parfaite santé ? C'est pour son bien, répondent en chœur les praticiens. Les mamans n'auraient-elles plus assez de chaleur pour réchauffer leur tout-petit, celui qu'elles ont abrité et attendu pendant de si longs mois ? On semble, aux yeux de ces techniciens, déjà tellement incapables : incapables de produire des contractions efficaces pendant le travail, incapables de savoir quelles sont les bonnes positions pour le passage de notre bébé... Voilà maintenant que l'on se sent également incapables de s'en occuper ! Dans le même ordre d'idée, parlons de notre incompétence à nourrir notre enfant au sein. La France détient, après l'Irlande, le taux d'allaitement le plus bas d'Europe : 56 % en 2002 (par comparaison, les pays scandinaves ont des taux avoisinant les 98 %).

Oui, ces nouveaux rites de naissance sont bien envahissants. Ainsi a-t-on « volé » aux femmes le contrôle de leur corps et leur capacité à être mère. Ce constat d'ultramédicalisation semble peut-être exagéré, mais il n'en est rien. De nombreuses maternités françaises fonctionnent selon cette systématisation, quel que soit le type d'accouchement, en en ajoutant même d'autres. Ainsi les épisiotomies sont-elles couramment pratiquées dans beaucoup de maternités, atteignant parfois des taux de 98 % chez les primipares. De nombreuses études remettent pourtant en question cet acte chirurgical abusif dont les conséquences s'avèrent lourdes pour la santé et le confort de la mère. L'OMS a prié les médecins français de réduire considérablement ce taux exagérément élevé. D'après cette organisation, il devrait se situer autour de 20 % maximum. Quant au taux d'accouchements programmés, il a doublé en France en l'espace de quelques années : il est passé de 10 % à 20,5 %. Si certains accouchements doivent être déclenchés pour des raisons pathologiques, il est inadmissible que certains obstétriciens « programment » presque une femme sur deux pour « convenance », selon les maternités. Entendons la « convenance » pour les praticiens, surtout pas pour les bébés dont le rythme biologique n'est nullement respecté. De plus, les enquêtes montrent qu'un déclenchement induit un risque plus élevé d'extraction instrumentale et de césarienne.

L'hypermédicalisation est-elle nécessaire pour tout accouchement ?

C'est la question que chaque femme se pose. Les médecins répètent tellement que tout est fait pour le bien des futures mères et des enfants... Voyons ce qu'il en est en comparant notre situation à celle des Pays-Bas. Alors que chez nous, tout le processus d'accouchement est médicalisé à outrance, celui-ci est vécu beaucoup plus naturellement chez nos voisins néerlandais. Ainsi, plus d'un tiers des femmes néerlandaises choisissent en effet d'accoucher à leur domicile, contre 0,4 % des femmes françaises. Une plus grande liberté de mouvements est donnée aux femmes durant le travail, et la technologie n'intervient que lorsqu'il y a complication : ainsi pas de perfusion ni de monitorage systématiques. Le taux de péridurales dépeint également la différence entre les deux pays (15 % aux Pays-Bas contre 48,6 % en France en 1995 — en 2003 il augmente encore pour atteindre 62,6 %). De telles différences de pratiques pourraient se répercuter sur les taux de mortalité. Or, les performances de nos deux pays sont très voisines. D'ailleurs, à regarder de plus près les statistiques, on s'aperçoit que dans le monde entier, le pays qui détient le taux de mortalité infantile et maternelle le plus bas est le Japon. Or, c'est une région de la planète où l'on valorise l'accouchement naturel. Par exemple, leur taux de péridurale est un des taux les plus faibles : 10 %. La multiplication d'actes techniques n'apporte donc pas de meilleurs résultats, bien au contraire. Elle permet plutôt de répondre à la peur des soignants en anticipant d'éventuelles complications. On sait pourtant que seules 10 % des naissances nécessitent une intervention médicale. Pourquoi, alors, faire subir à toutes les autres femmes une conduite systématique lourde de charges émotives ? Une femme enceinte n'est pas une malade. Elle devrait pouvoir bouger et être suivie dans ses désirs. Un environnement plus humain et plus chaleureux serait également propice aux nouvelles relations mère-enfant.

Des rituels qui rassurent en terre d'accueil

Nos performances techniques nous font trop souvent oublier l'environnement culturel et psychologique des femmes qui donnent vie. Combien de soignants demandent l'autorisation pour poser une perfusion, injecter des ocytociques ou enlever brusquement le bébé dès sa sortie du ventre maternel ? Concernant les étrangères (qui totalisent 11 % des accouchements français), qui s'inquiète de leurs coutumes ? Il est possible que ces femmes, que certains qualifient de « primitives », nous prennent pour des « sauvages » avec notre arsenal technologique dénué d'humanité. Faute de pouvoir s'exprimer, elles acceptent nos protocoles, mais certaines en garderont peut-être de la rancœur. Il en va de même pour nos pratiques de maternage que l'on se plaît à croire universelles ! On impose parfois aux migrantes d'adopter de nouvelles habitudes sans se soucier de ce qui est déjà enseigné au pays. Or, elles ont des gestes chargés de sens et reconnus comme efficaces puisqu'ils reposent sur les traditions de leur famille de leurs ancêtres. D'habitude, le groupe de femmes qui les entoure les aide à perpétuer ces rites. Mais la famille est loin… Alors elles vont devoir assumer seules des choix entre deux pratiques différentes. Des décisions difficiles qui fragilisent ces nouvelles mamans à tout ce qui à trait à l'identité et la différence. Privées de leurs repères, elles risquent d'avoir peur : mon enfant, ce tout-petit qui est le seul lien avec mon pays, ma culture, cet enfant ne va-t-il pas devenir trop différent de moi et ne plus m'appartenir ? Et s'il retourne au village, sera-t-il reconnu par les miens ?

Il serait souhaitable qu'il existe un accompagnement féminin efficient auprès des femmes migrantes. Des sages-femmes, des puéricultrices de secteur ou des psychologues qui pourraient palier le manque d'étayage des membres de la famille. Les visites à domicile sont facilement associées aux aides délivrées au pays par les femmes de l'entourage. Relais d'écoute entre le domicile et l'univers médical, cette accompagnante permettrait à ces femmes de pouvoir exprimer leurs incertitudes. Il serait aussi primordial que ces femmes trouvent dans leurs échanges avec les diverses institutions une écoute empathique des procédés traditionnels de protection de leur enfant. J'ai pu mesurer la difficulté qu'ont ces femmes à livrer leurs doutes ou leurs douleurs dans le milieu médicalisé. Grande est la peur d'être mal jugée ou ridiculisée. Dans le doute, les femmes préféreront dissimuler, voire nier leurs coutumes. Alors on croit les rituels d'enfantement tombés en désuétude. C'est faux, comme le révèlent les témoignages de ce livre.

Les parents migrants n'abandonnent pas aussi facilement des valeurs traditionnelles ancestrales qui rassurent. Certaines migrantes tentent tout de même le pari de l'intégration totale en abandonnant leurs représentations pour adopter les codes occidentaux. Mission périlleuse, voire impossible comme le souligne un proverbe africain : « Le séjour dans l'eau ne transforme pas un tronc d'arbre en crocodile »...

Pour une confiance mutuelle

Dans ma pratique en maternité, PMI ou crèche, j'ai pu m'apercevoir que, lorsqu'il s'agit d'aborder la vie intime des migrantes, il est préférable de connaître d'abord leurs traditions. Aussi faut-il avoir un minimum d'intérêt dans les autres cultures et ouvrir sa curiosité sur d'autres façons de faire.

Nous l'avons vu, il existe mille et une manières de mettre au monde son enfant et de l'accueillir. Plutôt que de redouter ou critiquer les différences, il serait bon de s'ouvrir à cette diversité ! Ce qui nous permettrait d'interroger nos propres pratiques et d'enrichir nos expériences... On peut donc imaginer une véritable écoute, de vrais échanges. Que la maman puisse parler de ses traditions. Qu'elle puisse sentir que ses coutumes ne sont pas rejetées. C'est déjà un lien de confiance qui s'installe pour que le partage s'installe. On peut lui parler de ce qui se faisait avant chez nous, puisque nous avions des coutumes semblables que nous avons délaissées somme toute assez récemment. Les similitudes rapprochent... Lorsqu'ils sont rassurés, les parents migrants savent parfaitement innover en gardant certaines valeurs et en y ajoutant, voire en y remplaçant de nouvelles plus adaptées à la vie occidentale. Progressivement ils peuvent s'ouvrir à ce nouveau monde et ainsi laisser le petit d'homme prendre plus paisiblement sa place.

Obtenir la confiance des parents migrants est primordial pour les mères comme pour les enfants : le tout-petit pourra ainsi ressentir que tout va bien, que sa maman est en accord avec les valeurs du pays d'accueil.

Trop rares sont les soignants à l'écoute des autres cultures. Mais peut-être pouvons-nous espérer une création plus étendue des dispositifs ethnopsychiatriques ou d'une formation du personnel des institutions aux différentes cultures. Le développement des moyens humains et le bien-être psychologique des migrantes ne sont pas d'actualité… Il en va pourtant de l'équilibre de ces parents et leurs enfants, comme de celui de notre société entière…

BIBLIOGRAPHIE

On trouve ci-dessous la liste des livres qui ont servi à l'étude de cet ouvrage. Je tiens particulièrement à rendre hommage à tous les ethnologues qui ont passé parfois plusieurs années à collecter sur le terrain les précieuses informations relatives aux rites de naissance dans le monde. Espérons que bien d'autres suivront leur exemple. Une lecture plus approfondie de leurs recherches permettra de mieux connaître les autres mœurs de ces passionnantes ethnies.

AIJMER Göran, *Birth and Death in China : Musings on a Taiwan Corpus*, in Ethnos, volume 49, I-II, 1984.

—, *Coming into Existence*, Iassa, 1992.

AKRICH Madeleine, PASVEER Bernike, *Comment la naissance vient aux femmes*, Les Empêcheurs de penser en rond, 1996.

ALTSCHULER Milton, *The Cayapa, a Study in Legal Behavior*, University of Minnesota, 1964.

ANYASODU Umunnakwe, *Have you Survived the Night?*, Detroit, Mich., the author, 1975.

AOYAGI Michiko, *Kinship Organisation and Behaviour in a Contemporary Tongan Village*, Polynesian Society Journal 75, 1966.

ARNAUD Véronique, « L'enfant-esprit, la naissance chez les Yamis de Botel-Tobago », in *Enfants et sociétés d'Asie du Sud-Est*, L'Harmattan, 1994.

ARNOLD Fred, « Gender preferences for children and its

consequences », in *International Population Conférence*, Union Internationale pour l'étude scientifique de la population, 1997.
ARTSCHWAGER KAY Margarita, *Anthropology of Human Birth*, F.A. Davis Company, 1982.
ATWOOD Richard J., « Positions d'accouchement et comportements s'y rattachant », in *Les Cahiers du nouveau-né 4, corps de mère, corps d'enfant*, Stock, 1980.
BÂ M., « La dépression du ventre », in *L'Enfant ancêtre, Nouvelle revue d'ethnopsychiatrie*, n° 4, La Pensée sauvage, 1985.
BABADZAN Alain, *Naissance d'une tradition*, Orstom, 1982.
—, « Une perspective pour deux passages », in *L'Homme*, juillet-septembre 1983, t. XXIII, n° 3.
BADINTER Élisabeth, *L'Amour en plus*, Flammarion, 1980.
—, *XY, de l'identité masculine*, Odile Jacob, 1992.
BAIRAGI Radheshyam, « Gender preference for children and its consequences », in *International Population Conference*, Union Internationale pour l'étude scientifique de la population, 1997.
BAPTANDIER Brigitte, « Le rituel d'ouverture des passes, Un concept de l'enfance », in *L'Homme*, n° 36, 1996.
BARBAUT Jacques, *Histoires de la naissance à travers le monde*, Plume-Calmann Lévy, 1990.
BARNETT William Kester, *An Ethnographic Description of Sanlei Ts'un, Taiwan*, Thèse, Michigan State University, 1970.
BARTOLI Lise, *Bien vivre votre maternité*, Marabout, 1996.
—, *Le Guide des maternités, Enfants Magazine*, 1994.
BATAILLE Marie-Claire, *Rites de naissance chez les Indiens mayas des Cuchutanes*, Guatemala, Thèse, Paris, 1970.
BAZIN-TARDIEU Danielle, *Femmes du Mali*, Leméac, 1975.
BECHER Hans, *Die Surara und Pakidai, Zwei Yanonami Stämme in Nordwestbrasilien*, Museum für Völkerkunde, Hamburg, 1960.
BELLAÏCHE F., « D'où viennent les enfants ? », in *Nouvelle revue d'ethnopsychiatrie*, n° 32, La Pensée sauvage, 1996.
BENJELLOUN Saïd, « Des mots et des choses autour du placenta au Maroc », in *Les Cahiers du nouveau-né*, n° 8, Stock, 1989.

BENOIT Alain, « L'accueil du nouveau-né, une question de bon sens », in *Les Dossiers de l'obstétrique*, n° 255, 1997.
BEN SOUSSAN Patrick, « Comment les petits enfants d'aujourd'hui naissent au monde et à la culture », in *Petite enfance et cultures en mouvement*, Érès, 2004.
BERGLUND Axel-Ivar, *Zulu thought, Patterns and symbolism*, Institute of Missionary Research, David Philip Éditeur, 1976.
BIRMAN Chantal, « Sagesse de femmes », in *L'Heureux Événement : une histoire de l'accouchement*, APHP, 1995.
BIZIEAU Serge, « La péridurale — Risques pour le nouveau-né et l'enfant », in *Les Dossiers de l'obstétrique*, n° 255, 1997.
BLOCH Maurice, « Birth and the beginning of social life among the Zafimaniry of Madagascar », in *Coming into Existence*, Iassa, 1992.
BLOIS Thomas, *Connaissance des Kurdes*, Khayats, 1965.
BONNET Doris, « Le retour de l'ancêtre », in *Journal des africanistes*, fasc. 1-2, t. LI, 1981.
BONNET DEL VALLE Muriel, *La Naissance, un voyage*, L'Harmattan, 2000.
BOPEARACHCHI Élizabeth, *L'Éducation bouddhique dans la société traditionnelle au Sri Lanka*, L'Harmattan, 1994.
BOUCHART-GODARD Anne, « Comment reprendre à son compte la naissance ? », in *Dialogue*, n° 118, 1992.
—, « Nouveau-né, nouveau-nu », in *Les Cahiers du nouveau-né*, n° 8, Stock, 1989.
BOULET Marc, *Le Ventre de la Chine*, Bernard Barrault, 1990.
BOURSIER Daniel, *Pöli, mémoires d'une femme pygmée*, L'Harmattan, 1996.
BOUTEILLER Marcelle, « Rites et croyances de la naissance à l'accouchement dans les provinces traditionnelles françaises », in *La Vie médicale*, n° 44, Paris, 1963.
BOYER-ARAUJO, *Femmes et cultes de possession au Brésil*, L'Harmattan, 1993.
BRAND Roger, « Réalité anthropologique des jumeaux et cultes vodu au Sud-Bénin », in *Des jumeaux et des autres*, Musée d'ethnographie, Genève, Georg Éditeur, 1995.
CAMARA-RAY Autra Ciré, « Rites de la naissance chez les

Soussous », in *Amina, le magazine de la femme*, n° 125, nov. 1982.
CARSTEN Janet, « The process of childbirth and becoming related among Malays in Pulau Lang Kawi », in *Coming into Existence*, Iassa, 1992.
CAUQUELIN Josiane, « La fin de l'enfance chez les Puyumas », in *Enfants et sociétés d'Asie du Sud-Est*, L'Harmattan, 1994.
CEAS Maryse, « L'accouchement à domicile aux Pays-Bas », in *Les Dossiers de l'obstétrique*, n° 185, juin 1991.
CENTLIVRES-DEMONT Micheline, « Rites de mariage en Afghanistan : le dit et le vécu », in *Naître, vivre et mourir*, Musée d'ethnographie, Neuchâtel, 1981.
CESBRON Paul, « Deux ou trois choses que nous savons sur l'épisiotomie », in *Les Dossiers de l'obstétrique* n° 255, 1997.
CHAGNON Napoléon Alphonseau, *Yanomamö Warfare, Social Organization and Marriage Alliances*, Thèse, University of Michigan, 1966.
CHAPELLE Jean, *Nomades noirs du Sahara, Les Toubous*, L'Harmattan, 1982.
CHARASSON-VALANTIN Simone, « Qui es-tu ? D'où viens-tu ? », in *Les Cahiers du nouveau-né*, n° 5, Stock, 1982.
CHOULEAN Ang, « De la naissance à la puberté, rites et croyances khmers », in *Enfants et sociétés d'Asie du Sud-Est*, L'Harmattan, 1994.
—, « Grossesse et accouchement au Cambodge : aspects rituels », in ASEMI, vol. XIII 1-4, 1982.
CHRISTINAT Jean-Louis, « Conception, grossesse, naissance et soins post-partum dans une communauté indienne des Andes péruviennes », in *Bulletin de la Société suisse des américanistes*, n° 40, Genève, 1976.
—, *Des parrains pour la vie*, Maison des sciences de l'homme, Paris, 1989.
COHEN Ronald, *The Kanuri of Born*, N.Y. Holt, Rinehar and Winston, 1967.
COMINSKY Sheila, « Knowledge and body concepts of Guatemalan midwives », in *Anthropology of Human Birth*, F.A. Davis Company, 1982.
COUGHLIN Richard J., « Pregnancy and birth in Vietnam »,

in *South East Asian Birth Customs, 3 Studies in Human Reproduction*, Human relations Files, 1965.
CROS Michèle, « Les nourritures d'identité ou comment devenir lobi », in *Grossesse et petite enfance en Afrique noire et à Madagascar*, L'Harmattan, 1991.
CYRULNIK Boris, *Les Nourritures affectives*, Odile Jacob, 1993.
—, *Sous le signe du lien*, Hachette, 2001.
D'ANS André-Marcel, *Haïti, paysage et société*, Khartala, 1987.
DA SILVA Alcionilio Brüzzi Alves, *A civilizaçao indigena do Vaupés, Centro de Pasquisas de Iavarete*, Sao Paulo, 1962.
DAYAN J., *Psychopathologie de la périnatalité*, Masson, 1999.
DE GASQUET Bernadette, « Les croyances pseudo-scientifiques », in *Les Dossiers de l'obstétrique*, n° 255, 1997.
DELEURY Guy, *Le Modèle indou*, Paris-Pondichéry, Kailash, coll. « Civilisations et sociétés », 1993.
DELHEURE J., *Vivre et mourir à Ouargla*, Selaf, 1988.
DELMET Christian, « Interdits "animaux" liés à la grossesse au Djebel Guli, Dar Fung-Soudan », in *L'Homme et l'animal*, Inst. Int. Ethnosciences, Paris, 1975.
DIETERLEN Germaine, « La réincarnation chez les Dogons », in *Réincarnation et vie mystique en Afrique noire*, Travaux du Centre d'études supérieures spécialisées d'histoire des religions de Strasbourg, PUF, 1965.
—, « L'image du corps et les composantes de la personne chez les Dogons », in *La Notion de personne en Afrique noire*, Colloques internationaux du CNRS, n° 544, 1973.
DOURNES Jacques, *Forêt, folie, une traversée de l'imaginaire jörai*, Aubier-Montaigne, 1978.
DUPUIS Anne, « L'homme musombi : la couvade chez les Nzebis », in *Grossesse et petite enfance en Afrique noire et à Madagascar*, L'Harmattan, 1991.
—, « Quelques représentations relatives à l'enfant de la conception au sevrage chez les Nzebis du Gabon », in *Journal des africanistes*, fasc. 1-2, t. LI, 1981.
DUTILH Pascale, « Femmes d'ailleurs, mères ici », in *Devenir parent en exil*, Érès, 1999.

EIGUER A. « Le faux self du migrant », in *Différence culturelle et souffrances de l'identité*, Dunod, 1998.

EKOUÉ L., « Le déroulement du travail chez la femme migrante originaire d'Afrique noire », *Migrations santé*, nº 44, 1985.

EL KHAYAT-BENNAI Ghita, *Le Monde arabe au féminin*, L'Harmattan, 1985.

Encyclopédie de la Pléiade, *Les Rites de passage*, t. I, Ethnologie régionale, Gallimard, 1972.

ERLICH Michel, *La Femme blessée : essai sur les mutilations sexuelles*, L'Harmattan, 1986.

—, *Les Mutilations sexuelles*, PUF, 1991.

ERNY Pierre, *Les Premiers Pas dans la vie de l'enfant d'Afrique noire*, L'Harmattan, 1988.

ESCHILMANN Jean-Paul, *Naître sur la terre africaine*, Inades, 1982.

EWOMBÉ-MOUNDO Élisabeth, « Registres et fonction de la communication dans la relation mère-enfant en Afrique noire », *Migrations santé*, nº 44, 1985.

—, « La callipédie ou l'art d'avoir de beaux enfants en Afrique noire », in *Grossesse et petite enfance en Afrique noire et à Madagascar*, L'Harmattan, 1991.

FAULKINGHAM Ralph Hardd, *Political Support in a Hausa village*, Thèse, Michigan State University, 1970.

FELLOUS Michèle, « Ces étrangères qui nous font question », in *L'Heureux Événement : une histoire de l'accouchement*, APHP, 1995.

—, « Socialisation de l'enfant bambara », in *Journal des africanistes*, fasc. 1-2, t. LI, 1981.

FLINT Marcha, « Lockmi : an indian midwife », in *Anthropology of Human Birth*, F.A. Davis Company, 1982.

FONTANEL Béatrice, D'HARCOURT Claire, *L'Épopée des bébés*, Éditions de la Martinière, 1996.

FORTNEY Judith, « Réagir d'urgence », in *Maternité sans risques*, nº 23, OMS, 1997.

FORTUNE R.F., *Sorciers de Dobu, anthropologie sociale des insulaires de Dobu dans le Pacifique*, François Maspero, 1972.

FOUCKS André, SAADI A., MOSTAFA A., VOISIN Ba M.C., « Le retour des infections nosocomiales », in *Les Dossiers de l'obstétrique*, nº 255, 1997.

FUNABASCHI Keiko, « Journal d'une Japonaise ayant accouché en France », in *Les Dossiers de l'obstétrique*, n° 161, 1989.
GAGNON Jean-Philippe, *Rites et croyances à Charlevoix*, Leméac, 1979.
GEERTZ Hildred, *The Javanese Family, A Study of Kinship and Socialization*, The Free Press of Glencoe, 1961.
GÉLIS Jacques, LAGET M., MOREL M.-F., *Entrer dans la vie*, Archives Gallimard, Julliard Poche, 1978.
—, *L'Arbre et le fruit*, Fayard, 1984.
—, « Quand l'enfant "tombait au monde" », in *Naître-corps*, écrit 21, PUF, 1987.
GERMAIN Georges-Hébert, *Inuit, peuples du froid*, Solar, 1996.
GERMAIN-ROBIN Françoise, « Algérie : entre la tradition et la modernité, l'équilibre à trouver », in *Aujourd'hui les femmes*, Éditions Sociales Notre Temps/Monde, 1981.
GLOWCZEWSKI Barbara, « Entre naissance et mort », in *Australie noire*, *Autrement*, n° 37, mars 1989.
GODELIER Maurice, *La Production des grands hommes*, Fayard, 1982.
GOKALP Altan, « Le placenta ou l'épouse du Dieu-ciel », in Sin*gularités*, Plon, 1989.
HAMMANI Farida, « Qui veut ? Qui ne veut pas ? », in *Les Dossiers de l'obstétrique*, n° 255, 1997.
HANKS Jane Richardson, *Maternity and its Rituals in Bangchan*, *Ithaca*, Cornell Univ. Department of Asian Studies, 1963.
HARNER Michaël J., *Les Jivaros*, Payot, coll. « Petite Bibliothèque Payot », 1977.
HERBINET Étienne, « L'obstétrique contemporaine à la recherche d'un équilibre », in *L'Heureux Événement : une histoire de l'accouchement*, APHP, 1995.
HERZLICH Guy, « L'Inde du Sud cherche une nouvelle politique démographique », *Le Monde*, 12 juillet 1995.
HEUSCH Luc de, « Le sorcier, le père Tempels et les jumeaux malvenus », in *La Notion de personne en Afrique noire*, Colloques internationaux du CNRS, n° 544, 1973.
Histoire de la famille, t. II, Armand Colin, 1986.
HOOPE-BENDER Petraten, « La démédicalisation de la naissance », in *Santé du monde*, n° 2, OMS, mars-avril 1997.

HUBERT Annie, « Les dînettes d'enfants yao, de Thaïlande », in *Enfants et sociétés d'Asie du Sud-Est*, L'Harmattan, 1994.
HURAULT Jean, *Les Indiens wayanas de la Guyane française*, ORSTOM, 1968.
INSERM, *Enquête nationale périnatale*, 1998.
—, *Enquête nationale périnatale*, 1995.
JACOB Jean-Pierre, « Génies et jumeaux winyes », in *Des jumeaux et des autres*, Musée d'ethnographie, Genève, Georg Éditeur, 1995.
JANICOT Marie-José, *Avoir un enfant en Égypte*, Dossiers du CEDEJ-CNRS, 1989.
JONCKERS Danielle, « Les faiseurs d'enfants », in *Journal des africanistes*, t. LVI, 1986.
—, « Petite enfance et religion », in *Grossesse et petite enfance en Afrique noire et à Madagascar*, L'Harmattan, 1991.
JORDAN Brigitte, *Birth in Four Cultures*, Eden Press Women's Publications, 1980.
JOURNET Odile, « La quête de l'enfant », in *Journal des africanistes*, fasc. 1-2, t. LI, 1981.
—, « Les hyper-mères n'ont plus d'enfants : Maternité et ordre social chez les Joolas de Basse-Casamance », in *L'Arraisonnement des femmes : essais en anthropologie des sexes*, *Cahiers de l'homme*, édition de l'EHESS, Paris, 1985.
—, « Un rituel de préservation de la descendance : le kanyaalen joola », in *Grossesse et petite enfance en Afrique noire et à Madagascar*, L'Harmattan, 1991.
KABULU-DUMBA C.-H., *Naître et mourir. La dynamique de la vie chez les Bantus du Zaïre*, Thèse, juin 1972.
KEMMACHE Kahina et CIDALIA Maduro, *Le Placenta*, Mémoire, École de sages-femmes de l'hôpital Saint-Antoine, 1996.
KESSEL Elton et AWAN Asghari K., « Maternal and child care in developing countries », in *Third International Congress for Maternal and Neonatal Health*, Ott Publishers Thun/Suisse, 1989.
KNIBIEHLER Yvonne, « Lignées, croyances, terroirs », *Nouvelle revue d'ethnopsychiatrie*, n° 21, 1993.
—, *La Révolution maternelle*, Perrin, 1997.

KOUASSI Kouakou, « Naître en pays baoulé ou les bébés esprits », in *L'Enfant ancêtre, Nouvelle revue d'ethnopsychiatrie* n° 4, La Pensée sauvage, 1985.
KOUBI Jeannine et MASSARD-VINCENT Josiane, *Enfants et sociétés d'Asie du Sud-Est*, L'Harmattan, 1994.
KRAUSKOPFF Gisèle, *Maîtres et possédés : Les rites et l'ordre social chez les Tharus*, CNRS, 1989.
LACOSTE-DUJARDIN Camille, « Être mère à l'étranger », *Migrations santé*, n° 54/55, 1988.
—, *Des mères contre les femmes*, La Découverte, 1985.
LALLEMAND Suzanne (éd.), *Grossesse et petite enfance en Afrique noire et à Madagascar*, L'Harmattan, 1991.
—, « Pratique de maternage chez les Kotokolis du Togo et les Mossis de Haute-Volta », in *Journal des africanistes*, fasc. 1-2, t. LI, 1981.
LARANJEIRA Manuel Rodrigues de Areia, « Naître en Angola : Les Tshokwés », in *Naître, vivre et mourir*, Musée d'ethnographie, Neuchâtel, 1981.
LEBOYER F., *Pour une naissance sans violence*, Seuil, 1975.
LEDERMAN Carol, « Giving birth in a malay village », in *Anthropology of Human Birth*, F.A. Davis Company, 1982.
LESTRANGE M.-T., et PASSOT-GUEVARA B., « De la grossesse au sevrage chez les Bassaris, les Peuls et les Boïns de Salemata », in *Journal des africanistes*, fasc. 1-2, t. LI, 1981.
LEVAK Zarka David, *Kinship System and Social Structure of the Bororo of Pobojari*, Thèse, Yale University, 1971.
LEVY I. Robert, *Tahitians : Mind and Experience in the Society Islands*, University of Chicago Press, 1973.
LHOTE Henri, *Les Touaregs du Hoggar*, Armand Colin, 1984.
LIPSZYC Daniel, « Les maternités de proximité mises en examen », in *Les Dossiers de l'obstétrique* n° 255, 1997.
LOUIS André, *Nomades d'hier et d'aujourd'hui dans le Sud tunisien*, EDI Sud, 1979.
LOUX Françoise, « Rituels de vie, rituels de mort : la naissance dans la société française préindustrielle », in *L'Heureux Événement : une histoire de l'accouchement*, APHP, 1995.
LÜEM Barbara, « Birth rituals and the reception of new

comers : A comparative exploration of cultural integration » in *Tuvalu and East Java*, in *Coming into Existence*, Iassa, 1992.

LUPU François, « Les passages à la mort chez les Tins Damas du Sepik », in *Naître, vivre et mourir*, Musée d'ethnographie, Neuchâtel, 1981.

LUTZ-FUCHS Dominique, *Psychothérapies de femmes africaines*, L'Harmattan, 1994.

MABE B., « Fécondité-grossesse-accouchement dans les sociétés négro-africaines », *Migrations santé*, n° 44, 1985.

MAKILAM, *La Magie des femmes kabyles et l'unité de la société*, L'Harmattan, 1996.

MALLART-GUIMERA L., *Médecine et pharmacopée evuzoh*, Laboratoire d'ethnologie et de sociologie comparatives, Nanterre, 1977.

MARCOS-SIGAL Haydée, *La Signification du premier enfant*, Privat.

MAYOR Anne, « Jumeaux dogons : nouvelles enquêtes sur la mythologie et les cultes », in *Des jumeaux et des autres*, Musée d'ethnographie, Genève, Georg éditeur, 1995.

MAZIÈRE Francis, « Coutumes de l'île de Pâques et d'ailleurs », in *Les Cahiers du nouveau-né*, n° 5, Stock, 1982.

MENGET Patrick, « Temps de naître, temps d'être : la couvade », in *La Fonction symbolique*, Gallimard, 1979.

MÉRAND Patrick, *La Vie quotidienne en Afrique noire à travers la littérature africaine*, L'Harmattan, 1977.

Ministère des Affaires sociales, de la Santé et de la Ville, *Périnatalité : Le plan du gouvernement*, avril 1994.

MINKOWSKI Alexandre, *La Maternité*, Fayard, 1982.

—, *L'Art de naître*, Odile Jacob, 1987.

MORO M.-R., *Parents en exil. Psychopathologie et migrations*, PUF, 2001.

—, *Psychothérapie transculturelle des enfants de migrants*, Dunod, 1998.

—, *Enfants d'ici venus d'ailleurs*, La Découverte/Syros, 2002.

—, « Le corps et la personne du petit enfant », in *L'Autre*, volume V, 2004.

MORO M.-R., NATHAN T., « Le bébé migrateur », in *Psychopathologie du bébé*, PUF, 1989.

MORSY Soheir, « Childbirth in an egyptian village », in *Anthropology of Human Birth*, F.A. Davis Company, 1982.
MOSER Brian, TYLER Donald, *The Cocaine Eaters*, N.Y. Taplinger, 1967.
MOSER Mary Beck, « Seri : from conception through infancy », in *Anthropology of Human Birth*, F.A. Davis Company, 1982.
MOTHÉ Evelyne, « Préparation de la naissance : culture ou technique ? », in *L'Heureux Événement : une histoire de l'accouchement*, APHP, 1995.
MOZZO-COUNIL Françoise, *Femmes maghrébines en France, chroniques sociales*, Lyon, 1994.
MUSALLAM B.F., *Sex and Society in Islam*, Cambridge University Press, 1993.
Mythes et croyances du monde entier, Éd. Lidis-Brepols, t. III, 1985.
NASREEN Taslima, *Femmes, manifestez-vous !*, Éd. des Femmes-Antoine Fouque, 1991, traduction française, 1994.
NATHAN T., « Autistes ou ancêtres ? », in *L'Enfant ancêtre*, Nouvelles revue d'ethnopsychiatrie, n° 4, La Pensée sauvage, 1985.
—, *Nous ne sommes pas seuls au monde*, Les Empêcheurs de penser en rond, 2001.
NGUBANE Harriet, *Body and Mind in Zulu Medicine*, Academic Press, 1977.
NICOLAS Michèle, *Traditions populaires turques*, Publications orientalistes de France, 1972.
NZIMIRO Francis Ikenna, *Family and Kinship in Ibo Land*, Thèse, University of Cologne, 1962.
ODENT Michel, *Bien naître*, Seuil, 1976.
OMBOLO Jean-Pierre, *Sexe et société en Afrique noire*, L'Harmattan, 1990.
Organisation mondiale de la santé, Suisse : *L'Élimination du tétanos néonatal*, 1996 ; Magazines *Maternité sans risques* nos 13 à 22 (1993 à 1997) ; *Rapport de situation : Programme Santé maternelle et maternité sans risque*, 1994.
OMS/FNUAP/UNICEF, *Les Accoucheuses traditionnelles*, Suisse, 1993.

PAPIERNIK Émile, « Histoire de l'accouchement : approche d'une analyse critique », in *L'Heureux Événement : une histoire de l'accouchement*, APHP, 1995.

PAULME Denise, *Organisation sociale des Dogons*, Éd. Jean-Paul Place, 1988.

PAUWELS Simonne, « L'adoption : le travail rituel des relations de germanité dans une société d'Indonésie orientale », in *Enfants et sociétés d'Asie du Sud-Est*, L'Harmattan, 1994.

PILLSBURY Barbara, « Doing the month », in *Anthropology of Human Birth*, F.A. Davis Company, 1982.

PISON Gilles, « Les jumeaux : fréquences, statut social et mortalité », in *Mortalité et société en Afrique*, Travaux et documents, nº 124, 1989.

PISON Gilles, ENEL Catherine et LEFEBVRE Monique, « De l'accouchement traditionnel à l'accouchement moderne au Sénégal », in *Santé O.*, vol. III, nº 6, nov-déc. 1993.

PRYDE Duncan, *Nunaga*, Calmann-Lévy, 1974.

PUECH F., SUBTIL D., VAAST P., VALAT A.S., DUFOUR P., CODACCIONI X., « Le monitorage au cours du travail, sécurité ou esclavage ? », in *Les Dossiers de l'obstétrique* nº 255, 1997.

RABAIN Jacqueline, *L'Enfant du lignage*, Bibliothèque scientifique Payot, 1994.

RAVOLOLOMANGA Bodo, « Pour la santé et la beauté de l'enfant à naître », in *Grossesse et petite enfance en Afrique noire et à Madagascar*, L'Harmattan, 1991.

REYNOLDS Holly Baker, *To Keep Tali Strong; Womens Rituals in Tamilnad, India*, Thèse, University of Wisconsin, 1978.

RIVIÈRE Claude, « La naissance chez les Éwés du Togo », in *Journal des africanistes*, fasc. 1-2, t. LI, 1981.

—, *Union et procréation en Afrique*, L'Harmattan, 1990.

RONDEAU Chantal, *Les Paysannes du Mali*, Karthala, 1994.

ROUX Alain, « La plus petite moitié du ciel », in *Aujourd'hui les femmes*, Éditions Sociales Notre Temps/Monde, 1981.

ROUX Jean-Paul, *Les Traditions des nomades de la Turquie méridionale*, Éd. Librairie Adrien-Maisonneuve, 1970.

SAÏDOU Issaka, « Pratiques traditionnelles et santé au Niger », in *Sahel Dimanche*, 22 novembre 1996.
SALADIN D'ANGLURE Bernard, « Petit ventre, l'enfant-géant du cosmos inuit », in *L'Homme*, janv-mars 1980.
SANGARE Boubacar, « Maternités ou morternités ? », in *Les Échos*, 28 juin 1991.
SARGENT Carolyn, « Solitary confinement : birth practices among the Bariba of the Republic of Benin », in *Anthropology of Human Birth*, F.A. Davis Company, 1982.
SAUREL-CUBIZOLLES M.-J., « Situation des femmes nées en Afrique noire ayant accouché en France en 1981 », *Migrations santé*, nº 44, 1985.
SCHALLER Yves, *Les Kirdis du Nord-Cameroun*, 1973.
SENI Nora, « La déesse placenta dans la mythologie turque », in *Les Cahiers du nouveau-né*, nº 8, Stock, 1989.
SIEMENS Stephen David, *Azande Rituals of Birth and Death*, Thèse, University of California LA, 1990.
SIJELMASSI Mohammed, BOUTALEB Youssef, HILMI Latifa, « Positions d'accouchement, rites, mythes et symboles autour de la naissance dans le Maghreb », in *Les Cahiers du nouveau-né*, nº 4, Stock, 1980.
SOW Fatou, « Du danger d'être mère », in *Vivre autrement*, oct. 1994.
SPENCER Arthur, *Les Lapons*, Armand Colin, 1985.
STAHL Paul-Henri, « Et ils se marièrent, et ils eurent beaucoup d'enfants », in *Le Prix de l'alliance en Méditerranée*, CNRS, 1989.
STEVENSON Margaret Sinclair, *Les Rites des deux-fois-nés*, Éd. Le Soleil Noir, 1982.
STORK H., *Enfances indiennes*, Bayard 1988.
TEVIRA Henry, *Mythes tahitiens*, Gallimard, L'Aube des peuples.
THERRIEN Michèle, *Le Corps inuit*, Éd. SELAF/PUB, 1987.
THIS Bernard, « Racines verbales, racines obstétricales du placenta », in *Les Cahiers du nouveau-né*, nº 8, Stock, 1989.
THOMPSON Anne, « Non à l'épisiotomie systématique », in *Maternité sans risques*, nº 21, 1996.
TOFFIN Gérard, « Organisation sociale des Paharis, popu-

lation du centre Népal », in *L'Homme* nº 21, avril-juin 1981.

TOURNÉ Claude-Émile, « La citoyenneté s'arrête-t-elle à la porte d'entrée des lieux d'exercice médical ? », in *Les Dossiers de l'obstétrique*, nº 255, 1997.

TURI Johan, *Récit de la vie des Lapons*, L'Harmattan, 1997.

UGOCHUKWU Françoise, *Le Temps dans la culture igbo*, Open University, Londres, 1996.

UNITED NATIONS, *Fertility Behaviour in the Context of Development*, Population studies, nº 100., N.Y., 1987.

VALLET Odon, *Déesses ou Servantes de Dieu ? Femmes et religions*, Découvertes Gallimard, 1994.

VAN BEEK Walter E.A., « Becoming human in Dogon, Mali », in *Coming into Existence*, Iassa, 1992.

VAN GENNEP A., *Les Rites de passage*, Picard, 1991.

VERDIER Raymond, *Le Pays kabiyé*, Khartala, 1982.

VERSWIJVER Gustaaf Wilrijk, « Un rite de passage chez les Indiens kayapos-mekragnotis du Brésil central », in *Naître, vivre et mourir*, Musée d'ethnographie, Neuchâtel, 1981.

VICTOR Paul-Émile, *Eskimos : nomades des glaces*, Mondo, 1972.

VILLEMINOT Jacques et Paule, *Coutumes et Mœurs des Papous*, Société continentale d'Éditions modernes illustrées, 1964.

WEINER Annette, *La Richesse des femmes*, Seuil, 1983.

WEISS Jérôme, *Folk Psychology of the Javanese of Ponorogo*, Thèse, Yale University, 1977.

WEISS-ROUANET Jeanne, « Alliée, ennemie, la douleur », in *L'Heureux Événement : une histoire de l'accouchement*, APHP, 1995.

REMERCIEMENTS

Je tiens à remercier toute l'équipe de la maternité de l'hôpital Saint-Antoine, à Paris, pour la liberté de mouvement qu'elle m'a accordée afin de mieux approcher les nouvelles mères de leur service.

Un grand merci chaleureux à toutes les futures mères et les nouvelles mamans que j'ai rencontrées au cours de ma pratique, tant en maternités, PMI que crèches, et qui ont bien voulu me confier la richesse de leurs rituels autour de la naissance.

Sans oublier leurs mari, mère, belle-mère et autres invité(e)s qui ont aussi fréquemment voulu apporter leurs témoignages.

Un grand merci, enfin, à Muriel Beyer de s'être passionnée pour ce projet et pour son précieux soutien.

Pour contacter l'auteur : http ://www.hypnonatal.com

TABLE

DEUXIÈME PARTIE
La grossesse

TROISIÈME PARTIE
L'accouchement

QUATRIÈME PARTIE
L'intégration du nouveau-né

Achevé d'imprimer en juin 2007
sur les presses de Normandie Roto Impression s.a.s
61250 Lonrai
pour le compte
des Éditions Payot & Rivages
106, bd Saint-Germain - 75006 Paris

Dépôt légal : avril 2007
N° d'imprimeur : 07-1719

Imprimé en France